Markus Stolpmann

WENIGER!

Den Inhalt dieses Taschenbuches gibt es auch als Kindle E-Book:
http://amazon.de/dp/B00BUR60TC/

Der Autor

Markus Stolpmann arbeitet als Autor und Berater.

Markus Stolpmann

WENIGER!

So entmüllen Sie Ihr Leben

KAMACO

Impressum

KAMACO – Verlag Karina Matejcek

Clusiusgasse 11/13, 1090 Wien, Österreich

www.kamaco.info

ISBN-13: 978-1482792027

ISBN-10: 1482792028

Inhaltsverzeichnis

Einleitung

Haben Sie manchmal das Gefühl, in einem Hamsterrad zu sitzen? Sie arbeiten hart, nur um Geld zu verdienen, mit dem Sie einen Status quo finanzieren, der Sie in Ihrem tiefsten Inneren einengt? Und als fragwürdige Belohnung für die durchlebten Mühen kaufen Sie Dinge, die Sie eigentlich nicht brauchen?

Sie sind nicht allein: Immer mehr Menschen erkennen den Teufelskreis, in dem sie stecken: Ihr Besitz belastet sie mehr, als dass er sie beruhigt und ihnen Zufriedenheit verschafft. Das Hab und Gut, das sich in Schränken, Schubladen und auf Regalen stapelt, erdrückt sie. Der Sinn des Lebens und die persönliche Freiheit erscheinen wie verschüttet, schier erdrückt von einem Berg aus Dingen, die sich über Jahre angehäuft haben.

Auf der Suche nach einem Ausweg aus dieser Situation findet ein neuer Trend immer mehr Anhänger: Minimalism. Die Idee dahinter: Entmüllen Sie Ihr Leben! Weniger unnötiger Besitz, weniger Belastung, mehr Fokus auf die Dinge, die im Leben wirklich zählen. Minimalism bedeutet nicht Konsumverweigerung oder Verzicht, sondern mehr Lebensqualität, mehr Zeit, mehr Geld, mehr Freiheit.

Lernen Sie die Grundlagen des Minimalism kennen und wagen Sie die ersten Schritte in ein neues Leben ohne Ballast!

Teil I

Minimalism: Die Grundlagen

Ein Trend findet immer mehr Anhänger: Minimalism – Reduktion auf das Wesentliche, ohne auf Lebensqualität zu verzichten. Doch was verbirgt sich dahinter?

1
Worum gehts?

In dem Film „Up in the Air“ (2009, nach dem gleichnamigen Roman von Walter Kim) beschreibt die Hauptfigur Ryan Bingham (gespielt von George Clooney) in einer Szene, wie schwer Besitz, Beziehungen und Verantwortung auf unseren Schultern lasten:

> *„How much does your life weigh? Imagine for a second that you're carrying a backpack. I want you to pack it with all the stuff that you have in your life... you start with the little things. The shelves, the drawers, the knickknacks, then you start adding larger stuff. Clothes, tabletop appliances, lamps, your TV... the backpack should be getting pretty heavy now. You go bigger. Your couch, your car, your home... I want you to stuff it all into that backpack. Now I want you to fill it with people. Start with casual acquaintances, friends of friends, folks around the office... and then you move into the people you trust with your most intimate secrets. Your brothers, your sisters, your children, your parents and finally your husband, your wife, your boyfriend, your girlfriend. You get them into that backpack, feel the weight of that bag. Make no mistake your relationships are the heaviest components in your life. All those negotiations and arguments and secrets, the compromises. The slower we move the faster we die. Make no mistake, moving is living.“*
>
> *(Quelle: IMDb)*

Immer mehr Menschen stellen fest, dass Besitz oft mehr Druck und Verpflichtungen mit sich bringt als Freude und Zufriedenheit.

Es ist der Fluch der Konsumgesellschaft, dass viele Produkte nur beim Kauf und kurz danach eine gewisse Befriedigung verschaffen, dann aber ungenutzt in der Ecke verstauben. Spätestens beim nächsten Umzug werden all die Besitztümer zur bleiernen Last.

Minimalism setzt beim Besitz an und versucht, die Last des Besitzes zu reduzieren und zugleich die eigene Lebensqualität zu steigern.

Entrümpeln und Minimalisieren bedeutet allerdings nicht, komplett auf Konsum zu verzichten. Es geht nicht darum, aus der Gesellschaft auszusteigen, sondern den eigenen – physikalischen – Footprint zu verringern, Ballast abzuwerfen und bewusster zu leben.

Dabei ist es heute einfacher denn je, einen minimalistischeren Lebensstil zu pflegen: Digitalisierung und Internet haben Alternativen zu physischen Produkten hervorgebracht, die Urbanisierung und neue Angebote erlauben es, auch ohne eigenes Auto mobil zu sein, und neue Dienstleister liefern faktisch jedes benötigte Produkt an die Haustür.

Auf der anderen Seite haben diese Entwicklungen auch dazu geführt, dass es immer mehr Angebote gibt, mit denen man sich ablenken kann. Internet, Social Media und TV sind allgegenwärtig, wir leiden unter einer Informations- und Reizüberflutung, die zu Stress führt und von Experten als eine Ursache für Aufmerksamkeitsdefizit-Störungen gesehen wird.

Der Minimalism-Trend adressiert all diese Bereiche, indem er Wege für den Verzicht auf Überflüssiges aufzeigt und die Konzentration auf die Dinge, die wirklich von Bedeutung sind, lenkt.

Führen Sie sich einmal vor Augen, womit Sie Ihre Zeit verbringen, wofür Sie Ihr Geld ausgeben und womit Sie sich umgeben, weil es einfach „normal“ ist. Wie viele Bücher stehen ungelesen im Regal? Wie viele Hosen und Schuhe liegen im Schrank, die Sie seit Monaten keines Blickes gewürdigt, geschweige denn sie bestimmungsgemäß genutzt haben? Und wie viel unnützer Kram stellt Ihre Wohnung und Ihren Keller voll?

Aber damit nicht genug: Sie kommen am Abend nach Hause, greifen zur Fernbedienung, um Ihren Fernseher einzuschalten, und zappen die nächste Viertelstunde erst einmal durch die Kanäle, um – natürlich – wieder nichts wirklich Sehenswertes zu finden.

Hätten Sie den Fernseher auch gewohnheitsmäßig eingeschaltet, wenn die Fernbedienung nicht an ihrem Platz liegen würde? Würden Sie für den Wechsel des Kanals jedes Mal aufstehen und zum Fernseher gehen? Vermutlich nicht.

Und wenn Sie ehrlich sind, wussten Sie von vornherein, dass Sie keine interessante Sendung finden würden. So ist es jeden Tag – und letztlich landen Sie bei irgendeiner schon zigfach wiederholten Serie oder einer Sportübertragung. Viel sinnvoller wäre es, auf das Zappen ganz zu verzichten. Und eigentlich könnten Sie sogar auf den Fernseher verzichten. Oder nicht?

Wenn Sie sich einmal gezielt umschauen, werden Sie zahllose Gegenstände entdecken, die Sie irgendwann im Eifer des Gefechtes erstanden haben, die aber seit Ewigkeiten darauf warten, mal wieder genutzt zu werden. Da sind die tollen Küchenutensilien, die meisten irgendwo in Schränken verräumt, weil sie im Grunde nur Platz verstellen statt nützlich zu sein. Die Laufschuhe, die Sie gekauft haben, als Sie sich vorgenommen haben, künftig regelmäßig zu joggen. Na ja, sie waren immer unbequem und drückten ein wenig. Aber sie waren auch zu teuer, um sie einfach zu verschenken oder wegzuwerfen. Und warum haben Sie eigentlich 23 verschiedene alkoholische Getränke in Ihrer „Bar“ stehen, wenn Sie 21 davon selbst gar nicht mögen und auch fast nie Gäste haben, die Ihre Auswahl würdigen würden? Plötzlich wird Ihnen bewusst, dass von den sechs verschiedenen Joghurts im Kühlschrank bestimmt die Hälfte schon ungenießbar ist. Sie werden sie irgendwann entsorgen, wie 20 bis 30 Prozent all Ihrer Lebensmitteleinkäufe.

Warum kaufen Sie all das Zeug eigentlich, wenn Sie es doch nicht verwenden?

Gehen Sie in Gedanken durch Ihre ganze Wohnung: Überall stapeln sich Dinge, die Sie eigentlich nie brauchen. Wenn Sie ganz ehrlich sind, könnten Sie wahrscheinlich sogar auf ein oder zwei Zimmer verzichten, wenn Sie nur die Dinge besäßen, die Sie wirklich benötigen.

Früher haben Sie davon geträumt, nur mit dem Rucksack die ganze Welt zu bereisen. Weit sind Sie nicht gekommen, die Freiheit, von der Sie geträumt haben, hat sich als Illusion erwiesen. Wenn Sie heute verreisen wollen, dann werden Checklisten geschrieben, mehrere Koffer gepackt, Sie brauchen jemanden, der auf die Wohnung aufpasst, und natürlich muss alles bis ins Detail geplant sein.

Sie werden von Ihrem Smartphone in Ihren Gedanken unterbrochen: Der Eingang einer wichtigen E-Mail wird signalisiert. Und wenn Sie das Mailprogramm aufrufen, wird Ihnen bewusst, dass Ihre Mailbox genauso zugemüllt ist wie Ihre Wohnung.

Plötzlich überfällt Sie ein Gedanke: Was wäre, wenn über Nacht jemand Ihre ganze Wohnung entrümpeln würde? Sie merken, wie Sie bei der Vorstellung, die großen, leeren Flächen in der Wohnung zu sehen, erleichtert durchatmen. Richtig tief durchatmen. Wenn sich dann noch jemand um Ihre elektronische Post kümmern würde, würden Sie sich richtig befreit fühlen.

Doch dann erkennen Sie: Dieser Moment wird nie eintreten. Es wird niemand kommen, um für Sie Ihr Leben zu entrümpeln. Entweder leben Sie so weiter wie bisher – dann werden Sie nie wirklich befreit durchatmen können. Oder Sie müssen selbst aktiv werden und Ihr Leben ändern. Konsequent.

2
Bewusster leben durch Minimalism

Minimalism bedeutet nicht Verzicht und Konsumverweigerung, sondern richtet den Fokus auf eine merkliche und umfassende Verbesserung der Lebensqualität.

Minimalism befreit Körper und Geist

Sie nehmen die Dinge, die Sie noch besitzen, viel bewusster wahr, beschäftigen sich intensiver mit ihnen. Zugleich fällt im wahrsten Sinne des Wortes eine Last von Ihnen ab, die Sie dauernd mit sich herumgeschleppt haben.

Minimalism macht mobiler

Besitz schränkt die eigene Bewegungsfreiheit ein. Nicht umsonst ist Wohneigentum eine IMMOBILie. Eine umfangreiche Büchersammlung kann dazu führen, dass Sie sich gegen jeden Umzug sträuben. Oder stellen Sie sich vor, Sie fahren einen Luxussportwagen, der eine halbe Million Euro wert ist: Wie gern werden Sie sich von dem Wagen wegbewegen, wenn Sie ihn einmal nachts auf einer unbeleuchteten Seitenstraße abstellen müssen?

Je mehr Besitz Sie anhäufen, umso mehr Angst müssen Sie haben, dass Einbrecher in Ihr Haus einsteigen. Wenn Sie allerdings Ihren

Besitz reduzieren, sich keine Sorgen um Verlust oder Unterhalt machen müssen und all Ihre Habe in einem kleinen Sprinter umziehen könnten, dann macht Sie das flexibler und mobiler. Wenn Sie nicht drei Koffer benötigen, um in Urlaub zu fahren, sondern mit einem Kurzreisekoffer auskommen, dann eröffnet das neue Perspektiven.

Minimalism gibt mehr Zufriedenheit und Selbstbewusstsein

Es ist unbestreitbar, dass in manchen Gesellschaftsschichten der Schein über dem Sein steht: Statussymbole, Besitz und Karriere sind wichtiger als Lebensfreude, Sinn und Zufriedenheit. Sich aus dieser Spirale zu lösen und sich auf die Beziehungen, Erlebnisse und Dinge zu konzentrieren, die einem wirklich wichtig sind, sorgt für mehr Gelassenheit und innere Balance.

Minimalism kann einen positiven Effekt für die Umwelt bedeuten

Denken Sie nur daran, wie viele Lebensmittel Sie kaufen, nur um sie wegzuwerfen, weil sie ihre beste Zeit hinter sich haben. Oder denken Sie an den ganzen Elektronikmüll, den Sie in Ihrem Leben schon produziert haben, weil Sie Geräte, die eigentlich noch gut funktionierten, einfach in die Schublade gelegt und dort vergessen oder durch das neue, angeblich verbesserte Modell ersetzt haben.

Minimalism spart Geld

Ein minimalistischerer Lebensstil führt automatisch dazu, dass man weniger Geld für die Aufrechterhaltung eines Status ausgeben muss, hinter dem man in der Form gar nicht mehr steht. Es bleiben mehr

Mittel übrig, die man dazu einsetzen kann, sich das zu leisten, was einem wirklich etwas bedeutet. Es ist nicht vorrangiges Ziel, das ersparte Geld auf die hohe Kante zu legen, sondern vielmehr, es bewusster und gezielter einzusetzen. Investieren Sie in Erlebnisse und bleibende Eindrücke, in einzigartige Momente statt in Besitz, der schnell an Glanz verliert und langfristig verpflichtet.

Da Sie weniger Geld für Dinge ausgeben, die Sie eigentlich gar nicht brauchen, können Sie künftig auch flexibler auf Veränderungen in Ihrer wirtschaftlichen Situation reagieren: Wer keine Kredite für Haus und Auto abzahlen muss, vielleicht sogar nach einiger Zeit in eine kleinere Wohnung umzieht, der kann auch eine Zeitlang mit weniger Gehalt leben, ohne Existenzängste zu bekommen. Ein echter Vorteil in diesen wirtschaftlich angespannten Zeiten.

Minimalism ist keine Religion

Wenn Sie zehn Verfechter eines minimalistischeren Lebensstils fragen würden, was Minimalism für sie bedeutet, würden Sie wahrscheinlich 15 verschiedene Antworten bekommen. Es geht nicht darum, wie ein Einsiedler zu leben. Und es ist auch keine fest umrissene Philosophie, sondern ein bewussterer Lebensstil, den Sie für sich nach eigenen Wünschen ausgestalten können.

Teil II

Starten Sie!

Die Wirkung, die Minimalism auf Ihr Leben haben kann, lässt sich am besten in der Praxis erleben. Mit den folgenden Schritten können Sie die Idee risikofrei austesten und neue Erkenntnisse über sich und Ihre Lebensgewohnheiten gewinnen.

3
Der Selbsttest

Machen Sie einen einfachen Test, um herauszufinden, was Ihnen im Leben wichtig ist und ob ein minimalistischerer Lebensstil Ihnen helfen kann, diesem Ziel näher zu kommen.

Schreiben Sie zunächst die zehn glücklichsten oder schönsten Momente auf, die Sie in den vergangenen Jahren erlebt haben.

Dann notieren Sie, welche zehn Dinge Sie gerne machen, erreichen, erleben oder besitzen würden, wenn Geld, Zeit, Aufwand und soziales Ansehen dabei keine Rolle spielen würden. Notieren Sie auch, warum Sie diese Dinge auf die Liste gesetzt haben.

Anschließend erstellen Sie eine Liste Ihrer zehn teuersten Anschaffungen aus den letzten Jahren. In welcher Beziehung stehen diese Anschaffungen zu den Punkten auf den ersten beiden Listen?

Oft gibt es kaum Berührungspunkte zwischen unserem Konsumverhalten und unseren Zielen und Wünschen: Unser Besitz hilft uns nicht, unsere wahren Bedürfnisse zu befriedigen, sondern dient nur dazu, uns davon abzulenken, dass wir zu wenig für die Erreichung der Dinge tun, die uns wirklich wichtig sind.

Abschließend erstellen Sie eine letzte Liste. Hier tragen Sie die Besitztümer zusammen, die Ihnen persönlich am wichtigsten sind – unabhängig von ihrem kommerziellen Wert – und auf die Sie am wenigsten verzichten wollten.

Je größer die Diskrepanz, die sich in diesen Listen zeigt, umso mehr sind Sie ein Opfer Ihres eigenen Konsumverhaltens sowie gesellschaftlicher Zwänge und Erwartungen.

4
Pro und Kontra

Auf der Basis der anhand Ihrer Listen gewonnenen Erkenntnisse können Sie nun darüber nachdenken, inwieweit ein minimalistischerer Lebensstil für Sie überhaupt infrage kommt. Als eine weitere Entscheidungshilfe können Sie versuchen, die Menge Ihrer Besitztümer abzuschätzen und zu bewerten:

Beginnen Sie damit, einmal grob zu überschlagen, wie viele Dinge Sie in Ihrer Wohnung aufbewahren. 500? 5.000? 50.000? Noch viel mehr? Dann machen Sie eine Stichprobe und zählen Sie wirklich einmal durch, wie viele Bücher, Paar Schuhe oder Küchenutensilien Sie besitzen. Es geht nicht darum, die exakte Zahl herauszufinden, sondern das Bewusstsein für die Größenordnungen zu schärfen, mit denen Sie es hier zu tun haben.

Aber bleiben Sie nicht dabei stehen, die reine Zahl an Gegenständen zu betrachten. Sortieren Sie grob in „Wichtig für mein Leben“, „Nice to have“ und „Unnötig/überflüssig“. Welche Kategorie gewinnt prozentual?

Eine erste Stufe hin zu einer minimalistischeren Lebensführung kann darin bestehen, die überflüssigen beziehungsweise unnötigen Dinge loszuwerden.

Aber vermutlich werden Sie feststellen, dass Sie eigentlich mehr möchten. Sie möchten vielleicht auch die „Nice to have“-Kategorie eliminieren oder zumindest deutlich reduzieren.

Hardcore-Anhänger des Minimalism gehen noch weiter. Einige haben das Ziel, den persönlichen Besitz möglichst weit herunterzuschrauben. Demnach sind 100 persönliche Gegenstände eigentlich mehr als ausreichend.

Von einer solchen Zahl sind Sie wahrscheinlich Lichtjahre entfernt, aber es ist klar, dass der Prozentsatz der „Wichtig für mein Leben"-Artikel drastisch ansteigt, je weniger Besitz wir haben. Solche Hardcore-Ziele lassen sich unter Umständen mit einer Partnerschaft oder gar mit Kindern nur schwer erreichen, und eine solche Extremhaltung hat automatisch auch Auswirkungen auf Job und Bekanntenkreis.

Bleiben Sie also realistisch und fragen Sie sich, wo auf dieser Skala Sie sich selbst sehen. Und dann erstellen Sie eine Pro-und-Kontra-Liste mit all den Argumenten, die für, aber auch gegen eine entsprechende Anpassung Ihres Lebensstils sprechen. Vergessen Sie dabei auch Ihr soziales Umfeld nicht: Was sagt Ihre Familie zu einem solchen Plan, was Ihr Freundeskreis? Ist Ihr Wunsch-Lebensstil problemlos mit Ihrem Job vereinbar oder müssen Sie fürchten, an beruflicher Glaubwürdigkeit zu verlieren? Wenn Sie Führungskraft in einem Konzern für Lifestyle-Produkte sind, passt ein minimalistischer Lebensstil Ihrem Arbeitgeber möglicherweise nicht wirklich. Und wenn Sie früher für Ihre ausschweifenden Partys bekannt waren und plötzlich beginnen, Ihr überzähliges Hab und Gut zu verschenken sowie manchen Dingen zu entsagen, wird sich der eine oder andere möglicherweise denken, Sie seien schwer erkrankt.

Lassen Sie Ihre Eindrücke sacken, bevor Sie eine Entscheidung treffen. Vielleicht wiederholen Sie die obigen Tests mit ein paar Wochen Abstand und lassen in dieser Zeit die Idee des Minimalism auf sich wirken.

Haben Sie sich entschieden, Ihr Leben zu entrümpeln? Dann los!

5
Laden Sie zur Einpack-Party!

Los geht es mit einem Event. Einer Party. Einer Einpack-Party. Am besten legen Sie den Termin dafür auf ein Wochenende, der Samstag ist gut geeignet. Und es ist sinnvoll, in den ersten Tagen Ihres neuen, minimalistischen Lebensstils Urlaub und wenige Verpflichtungen zu haben.

Die Einladung

Laden Sie Freunde zu Ihrer Einpack-Party ein. Sie brauchen tatkräftige Unterstützung! Die Einladung auszusprechen ist Ihr erstes Commitment, dass Sie es ernst meinen. Verzichten Sie daher nicht auf die Party: Es ist viel wahrscheinlicher zu scheitern, wenn Sie den Schritt allein und ohne öffentliches Bekenntnis zum „Weniger" beschreiten.

Die Vorbereitung

Sie brauchen Umzugskartons in verschiedenen Größen; weitere Kisten und große, komplett verschließbare, nicht durchsichtige Behältnisse schaden nicht. Zusätzlich benötigen Sie Universalmarker, Packpapier und gegebenenfalls Verpackungsfolie (Noppenfolie). Legen Sie auch Werkzeug zum Zerlegen von Möbeln sowie starkes

Klebeband bereit. Und natürlich brauchen Sie für die Partygäste Getränke und Knabberzeug. Damit Sie nicht auch noch Gläser, Geschirr und Besteck bereitstellen müssen, besorgen Sie Einweggeschirr und Pappbecher.

Kurz vor Beginn der Einpack-Party gehen Sie mit Post-its und rotem Marker bewaffnet durch die gesamte Wohnung, schauen in jeden Raum, jede Schublade und jedes Schrankfach. Sollen einige (wenige) Fächer bei der Party unberührt und ungeöffnet bleiben (Steuerunterlagen, Schmutzwäsche, Kühl- und Gefrierschrank [verderblich!], Dinge, bei denen es Ihnen unangenehm wäre, wenn Freunde und Bekannte sie durchwühlen), dann markieren Sie diese deutlich mit einem Post-it mit einem großen roten X. Und dann retten Sie noch die Kleidungsstücke und Gegenstände, die Sie unbedingt in den kommenden 12 Stunden benötigen. Legen Sie sie samt Bettzeug ins Bett, das ebenfalls tabu bleibt.

Schließlich räumen Sie eine Wand oder eine größere Stellfläche frei (das kann auch schon gemeinsam erfolgen).

Los gehts!

Ziel der Party ist es, alles einzupacken, was sich in der Wohnung befindet. Gehen Sie gemeinsam so vor, als würden Sie einen Umzug vorbereiten – mit einer Ausnahme: Sortieren Sie alle Gegenstände nach Räumen, Schrank- und Regalfächern und notieren Sie auf den Kartons, was sie enthalten. Sie sollen alles ohne große Suche wiederfinden können.

Es hat sich bewährt, die Kartons selbst nur grob mit „Koordinaten" zu beschriften („Schlafzimmer – großer Schrank – linke Tür – T-Shirts und Hosen"); Sie können von Ihren Helfern eine zusätzliche, detaillierte Packliste schreiben lassen, die aber nur dazu dienen sollte, bei Bedarf Dinge rasch wiederzufinden. Hüten Sie sich davor, diese Listen als „Inventarlisten" zu begreifen, denn Sie verabschieden sich gerade von Ihren Besitztümern, die in den verschlossenen Kartons verschwinden. Das ist auch der Grund dafür, dass Sie die Listen nicht selbst schreiben sollten: Sie müssen gar nicht daran erinnert werden, was wirklich im Detail alles in den Kisten ist.

Mit der Zeit werden die Regale und Schränke leer. Aber auch Fernseher, Computer, WLAN-Router und mehr sollten verpackt werden. Leere Schubladen, leere Tische, leere Stellflächen. Es bleibt Ihnen überlassen zu entscheiden, ob Sie auch einige der jetzt überflüssig gewordenen Möbel abbauen wollen. Läufer und Teppiche, die keine echte Funktion haben, können Sie zusammenrollen. Und auch die Bilder und Poster an der Wand sollten verschwinden. Schließlich räumen Sie alle Kartons so weg, dass sie leicht erreichbar und die Beschriftungen gut lesbar sind, sie aber nicht im Weg stehen.

Ist alles verpackt, feiern Sie Ihre neu gewonnene Freiheit, indem Sie die Helfer zu einer Pizza vom Lieferdienst einladen – gegessen wird direkt aus der Pizzaschachtel (bitten Sie bei der Bestellung, die Pizza zu schneiden). Am Ende der Party bringen Sie alle Abfälle zum Müll. Fertig.

Nachdem die Partygäste gegangen sind, beginnt Ihr neues, minimalistisches Leben.

6
Leben Sie 30 Tage aus dem Karton

In den kommenden 30 Tagen leben Sie aus dem Karton. Sie müssen sich nicht künstlich einschränken: Alles, was Sie wirklich benötigen, dürfen Sie aus den Kartons holen und wieder in Ihr Leben integrieren. Aber keinesfalls sollten Sie Dinge auspacken, die Sie nicht wirklich brauchen.

Die ersten zwei Tage sind geprägt davon, immer wieder Dinge aus den Kartons zu holen. Wie lange dauert es, bis Sie den WLAN-Router wieder anschließen? Können Sie auf das Fernsehgerät verzichten? Und falls nicht: Wie ist es mit dem DVD-Player und der Stereoanlage?

Übrigens: Wollten Sie schon immer Ihre Wohnung renovieren? Dann ist die Gelegenheit jetzt günstig, denn Ihr Hab und Gut ist schon verpackt, die Wände, Schränke und Regale sind leer. Allerdings sollten Sie mögliche Renovierungsaktivitäten mit Blick auf Ihren neuen, minimalistischen Lebensstil planen: Weg mit der Fototapete, stattdessen setzen Sie auf große, einfarbige Farbflächen und den Einsatz von Akzentfarben.

Wichtig ist auch, dass Sie sich ganz bewusst entscheiden, welche Sachen Sie wieder hervorholen: Entscheiden Sie weise! Wenn Sie einen Pullover benötigen, entscheiden Sie sich nicht für den, der zufällig oben liegt. Werden Sie Ihren abgetragenen, aber bequemen Lieblingspulli wählen oder den teuren Designer-Pullover?

Wenn Sie Teller benötigen, dann nehmen Sie genau so viele heraus, wie Sie tatsächlich brauchen. Und nicht schummeln: Einmal herausgenommenes, gebrauchtes Geschirr wird gespült, nicht durch zusätzliches Geschirr ergänzt.

Jetzt wird auch klar, warum es sinnvoll ist, dass Sie in den ersten Tagen nicht zur Arbeit müssen und nicht zu viele Verpflichtungen haben. Das reduziert den Stress und gibt Ihnen die Möglichkeit, sich an Ihren neuen Lebensstil zu gewöhnen.

Nach ein paar Tagen werden Sie feststellen, dass die Suchaktionen seltener werden. Und Sie werden sich neue Verhaltensmuster angewöhnen, weil Sie mit den Gegenständen in Ihrem Alltag wesentlich bewusster umgehen.

Zugleich fallen Ihnen die Gewohnheiten, denen Sie früher gefrönt haben, jetzt bewusst auf: Der automatische Griff zur Fernbedienung, sobald man die Wohnung betritt, ist plötzlich nicht mehr möglich, weil die Fernbedienung nicht mehr am gewohnten Platz liegt und auch der Fernseher nicht an seinem Platz steht.

Wie wichtig ist es Ihnen, den alten Status quo wieder herzustellen, damit Sie Ihre Gewohnheiten aufrechterhalten können?

In gleichem Maße beginnen Sie, den gewonnenen Platz und die gewonnene Freiheit zu schätzen: Es ist nicht mehr alles vollgestellt, ausgepackte Dinge bekommen plötzlich echten Wert, unbewusste Verhaltensmuster werden entlarvt. Nur die Kartons stören (und vielleicht die leeren, ungenutzten Möbel).

Nach etwa 30 Tagen sollte sich das Alltagsleben wieder eingependelt haben. Alle Dinge, die jetzt noch in den Kartons verpackt sind, haben Sie einen ganzen Monat nicht benötigt. Sie können sich also von dem größten Teil dieser Besitztümer (und den Kartons) trennen.

Natürlich gibt es auch Menschen, die bei diesem Experiment feststellen, dass der minimalistische Lebensstil nicht zu ihnen passt. Das ist völlig okay, denn jeder Mensch ist unterschiedlich und nicht immer lassen sich die beschriebenen Methoden auf die aktuelle Lebenssituation übertragen. Übernehmen Sie einfach die gewonnenen Erkenntnisse, die Ihnen wichtig erscheinen, um künftig bewusster zu steuern, womit Sie sich umgeben und wie Sie Ihre Zeit nutzen.

7
Alternativ: Die Karton-Methode im Kleinen

Natürlich ist die Einpack-Party-Methode sehr radikal und vor allem für Personen geeignet, die allein leben und rasch feststellen wollen, ob der Minimalism-Lebensstil für sie geeignet ist. Wenn Sie mit einem Partner zusammenleben, kann diese Methode nur funktionieren, wenn Sie sich über den Wunsch nach Veränderung absolut einig sind. Mit Kindern ist ein solch radikaler Einschnitt noch schwieriger umzusetzen.

Alternativ kann man die Kisten-Methode daher auch im Kleinen nutzen: Statt gleich die ganze Wohnung auszuräumen, nehmen Sie sich jeweils ein bestimmtes Thema vor: das Arbeitszimmer, das Geschirr in der Küche, die Bücherwand im Wohnzimmer, die Klamotten im Kleiderschrank (vielleicht sogar zunächst „nur" die T-Shirts oder Socken). Dieses Vorgehen ist deutlich weniger radikal und braucht so auch deutlich mehr Zeit, um zu einem merkbar veränderten Lebensstil zu führen. Sie ist aber deutlich besser für Menschen geeignet, die schrittweise umsteigen wollen.

8 Einfach entrümpeln hilft nicht!

Sie halten die vorgestellte Methode für überzogen? Sie glauben, dass es reicht, einfach mal mit einem großen Müllsack und Entschlossenheit ans Entrümpeln zu gehen? Viel Erfolg dabei. In den allermeisten Fällen funktioniert das nicht.

Das Problem besteht darin, dass wir nicht erkennen (oder nicht zugeben wollen), welche Dinge wir tatsächlich gar nicht benötigen. Der Trick mit den Kartons besteht darin, dass die Sachen aus dem Blickfeld verschwinden und es einen gewissen Aufwand bedeutet, sie wieder herauszuholen und in Ihr Leben zu integrieren. So vergessen Sie in den 30 Tagen viele Dinge und vermissen sie gar nicht. Der „Verlust" geschieht schleichend und ist damit nicht so drastisch – Abschied auf Raten. Zugleich müssen Sie sich nach den 30 Tagen eingestehen, dass Sie die in den Kartons verbliebenen Dinge tatsächlich einen Monat lang nicht benötigt haben. Das überzeugt sogar Kinder, wenn die Eltern ein wenig Aufklärungsarbeit und Beistand leisten.

Die Müllsack-Methode aber ist unerbittlich und final. Für jedes Objekt, das in den Sack soll, stirbt man auf der Stelle einen kleinen Tod. Schließlich hat man es ja einmal aus Überzeugung angeschafft und hart dafür gearbeitet, dass man es sich leisten konnte. Hinzu kommt, dass man jeden einzelnen Gegenstand ganz bewusst anschauen muss. Sie würden Ihrem Kind auch nicht jedes einzelne Spielzeug unter die Nase halten und sagen: „So, das nehme ich dir jetzt weg." Stattdessen nehmen Sie die defekte Eisenbahn und den zerrupften Teddy, lassen sie erst einmal im Schrank verschwinden – und wenn in den kommenden Tagen und Wochen kein verzweifeltes Verlustgeschrei kommt, wissen Sie, dass Sie die Gegenstände wegwerfen können. (Aber bloß nicht obenauf in der Mülltonne ablegen, denn dort könnten sie doch noch gefunden werden.) Die Kartons dienen einem ähnlichen Zweck.

Es ist wichtig, sich einzugestehen, dass es sich eben nicht um „Müll" handelt, sondern um Objekte, an die wir geglaubt und für deren Erwerb wir gearbeitet haben. Bevor man sich von diesem Besitz trennt, braucht es einen Nachweis darüber, dass er wirklich nicht benötigt wird und sein Fehlen keine schmerzhafte Lücke reißt. Genau das wird mit den Kartons und der 30-Tage-Frist erreicht. Die Methode ist unbestechlich: Was in den Kartons verbleibt, haben Sie 30 Tage nicht angefasst und nicht benötigt.

Der Müllsack auf der anderen Seite gibt Ihnen keine Entscheidungshilfe. Er verlangt die spontane, persönliche Entscheidung „weg oder behalten" für jeden einzelnen Gegenstand. Sie müssen den Gegenstand in die Hand nehmen und über sein Schicksal entscheiden – bei der Einpack-Party sorgen hingegen Freunde und Bekannte dafür, dass Sie nicht selbst alle Gegenstände in die Hand nehmen müssen. Die Müllsack-Variante lässt Ihnen zudem keine Schonfrist und es gibt keinen Nachweis darüber, dass man die Sachen nicht vielleicht doch übermorgen benötigen könnte.

Hunderte kleiner, finaler Entscheidungen hintereinander: Das klappt nicht! Es führt nur dazu, dass Sie für viele Gegenstände die Entscheidung vertagen. So werden Sie zwar den echten „Müll" los, mit dem Sie emotional eh schon abgeschlossen haben, aber im Hinblick auf einen echten minimalistischeren Lebensstil bringt Sie das nicht voran.

9
Wiederholen Sie die Karton-Aktion

Es ist empfehlenswert, die Karton-Methode häufiger anzuwenden. Beim ersten Mal werden Sie noch viele Dinge „retten“, die Ihnen aus welchen Gründen auch immer am Herzen liegen. Je länger Sie aber die Philosophie des Minimalism in sich aufnehmen und selbst leben, umso mehr Gegenstände werden Sie finden, auf die Sie verzichten können.

Diese Rettungsaktionen sind durchaus erlaubt, schließlich geht es nicht darum, irgendwelchen Regeln einen obskuren Kults zu folgen, sondern zu dem Lebensstil zu finden, der Ihnen selbst gefällt und der zu Ihnen passt. Es geht nicht darum, asketisch zu leben oder in den „Weniger-als-100-Dinge-Besitzer“-Club aufzusteigen. Ziel ist es, mehr Freiheit und Freiraum zu finden und sich auf das zu besinnen, was im Leben wirklich bedeutsam ist.

Deshalb ist es sinnvoll, die Aktion in Abständen zu wiederholen. Die Einstellung zu manchen Dingen verändert sich, manche Dinge sind neu hinzugekommen, die eventuell andere obsolet machen, manches ist älter und weniger nützlich geworden.

Bei der Wiederholung müssen Sie nicht wieder eine Einpack-Party veranstalten: Sie können jetzt die Karton-Methode auch ohne Unterstützung nutzen. Auch müssen Sie sich jetzt nicht mehr Ihr gesamtes Leben beziehungsweise Ihre gesamte Wohnung vornehmen, sondern können sich auch auf Teilbereiche wie das Arbeitszimmer konzentrieren.

Wenn Sie den Minimalism-Gedanken wirklich verinnerlicht haben, werden Sie sich irgendwann sogar dabei beobachten, dass Sie ohne konkreten Anlass Dinge aussortieren und wegwerfen.

10
Verkaufen, verschenken, wegwerfen

Die schwierigste Phase kommt nach den 30 Tagen. Gestehen Sie sich ein, dass Sie die meisten Dinge, die sich jetzt noch in den Kartons befinden, vermutlich nie brauchen werden. Die gilt es jetzt loszuwerden.

Zugegeben: Das gilt nicht für alles, was sich in den Kisten befindet. Manche Dinge sind jahreszeitentypisch: Die Handschuhe und den Schal brauchen Sie erst im Winter wieder, die Badehose im Sommer, und die Reisestecker sind für den Urlaub nützlich. Steuerunterlagen und andere Dokumente würden Sie vielleicht gerne loswerden, aber auch die müssen natürlich bleiben.

Jetzt müssen Sie sortieren: Für alle Gegenstände, die sich noch in den Kartons befinden, gilt es zu entscheiden, ob sie weggeworfen, verkauft, verschenkt oder doch behalten werden sollen. Treffen Sie diese Entscheidungen nicht allein, sondern holen Sie sich zur Unterstützung einen guten, aber nicht involvierten Freund oder eine Freundin (Wenn Sie das Projekt „Minimalism" mit Ihrem Lebenspartner oder Ihrer Familie umsetzen, dann gelten die betroffenen Mitstreiter nicht als Unterstützer!).

Lassen Sie jeweils zunächst Ihren Freund oder Ihre Freundin entscheiden, mit der klaren Maßgabe, dass er oder sie Sie dabei unterstützen soll, zu einem minimalistischeren Lebensstil zu finden. Wertlose, unnütze und defekte Gegenstände landen sofort in der

Kategorie „wegwerfen". Fast alles andere sollte auf dem Stapel „verkaufen/verschenken" landen. Nur ganz wenige Gegenstände dürfen Sie behalten, das aber nur dann, wenn Sie Ihrem Sortierpartner einen triftigen Grund dafür liefern können.

Wenn Sie feststellen, dass es Ihnen emotional sehr schwer fällt, sich von Ihren Besitztümern endgültig zu trennen, können Sie einen Zwischenschritt einbauen: Lassen Sie Ihren vertrauenswürdigen Sortierpartner eine Vorsortierung vornehmen, bei der all die Dinge, die weitestgehend unzweifelhaft sind, von ihm bereits entsprechend kategorisiert und aus Ihrem Blick gebracht werden. Keine Angst: Ihr Sortierpartner wird nicht gegen Ihre Interessen handeln. Aber manchmal fällt es leichter, sich von Dingen zu lösen, von denen man sich nicht mehr persönlich verabschieden muss.

Alles, was „Müll" ist, kann sofort vernichtet werden. Schieben Sie diesen Schritt nicht unnötig vor sich her!

Für die Kategorie „behalten" ist natürlich auch alles klar, wobei Sie sich die Option offenhalten sollten, sich später doch bewusst von manchen dieser Gegenstände zu trennen.

Schwieriger ist es für die Kategorie „verschenken/verkaufen". Es ist manchmal gar nicht so einfach, den richtigen Abnehmer für die Dinge zu finden, auf die Sie künftig verzichten möchten. Ökologisch betrachtet macht es Sinn, möglichst viele Dinge, die noch in Ordnung sind, an Personen weiterzugeben, die damit mehr anfangen können als Sie – die Mülltonne sollte im Hinblick auf eine nachhaltige Lebensweise daher nicht die erste Wahl für Ihre abgelegten Besitztümer sein.

Auf den ersten Blick mag die Option, alles an Familienangehörige, Freunde und Bekannte zu verschenken, als die beste Variante erscheinen. Allerdings ist diese mit Vorsicht zu genießen: Zunächst müssen Sie mit sich selbst klären, ob es mit Ihrer neuen „Weniger"-Philosophie vereinbar ist, dass Sie anderen Ihren überflüssigen Besitz aufdrängen. Manches Geschenk erweist sich so schnell als ein

Bärendienst am Beschenkten. Schenken Sie nicht proaktiv, sondern bieten Sie Ihren Bekannten an, sich Dinge aussuchen zu können. Alles, was auf diese Weise keinen Abnehmer findet, wird anderweitig weggegeben.

Secondhand-Läden, Flohmärkte, Kleinanzeigen, eBay, Amazon Marketplace: Es gibt viele Möglichkeiten, Ihre überzählige Habe für kleine (und manchmal auch größere) Münze zu offerieren. Beachten Sie aber, dass das Anbieten mit Aufwand verbunden ist und oft auch noch Kosten für Transport, Porto und Vermittlungsgebühren hinzukommen. Auch kann es einige Zeit dauern, bis sich Abnehmer finden – und je höher Ihre Preisvorstellung, umso schwieriger das Finden eines Käufers.

Generell sollten Sie davon Abstand nehmen, Ihren Besitz vergolden zu wollen und schon das Geld zu verplanen, das Sie durch den Verkauf einnehmen. Einerseits ist es bei vielen Produkten nicht einfach, einen wirklich guten Preis zu erzielen, andererseits geht es bei dem Minimalism-Konzept nicht um eine Monetarisierung Ihres Besitzes, sondern um das Schaffen neuer Freiräume. Wenn Sie die Aktion mit einer guten Tat verbinden wollen, können Sie alle Einnahmen aus Verkäufen für einen guten Zweck spenden. Und wenn Sie dem Geld nachtrauern, das Sie für all die Sachen irgendwann zum Fenster rausgeschmissen haben, dann verbuchen Sie es als Lehrgeld und freuen Sie sich darauf, in Zukunft viel Geld durch die Vermeidung solch unnötiger Ausgaben zu sparen.

Eine denk- und dankbare Variante besteht darin, Dinge an Bedürftige zu verschenken. Caritas und andere soziale Einrichtungen nehmen Kleidung, Schuhe und manchmal auch Haushalts- und Gebrauchsgegenstände, wenn diese in gutem Zustand sind. Manche Büchereien sind für Buchspenden dankbar (fragen Sie allerdings zuerst nach).

Der Rest wandert ohne schlechtes Gewissen auf den Müll. Danach sollten Sie die lästigen Kartons in Ihrer Wohnung los sein.

Jetzt beginnt der Ernst des Lebens: Fallen Sie nicht in alte Gewohnheiten zurück, sondern übertragen Sie Ihren neuen Lebensstil auf Ihre Konsum-, Einkaufs- und Lebensgewohnheiten.

Teil III

Optimieren Sie Konsum und Einkauf

Sie sind von der Idee überzeugt? Super! Jetzt allerdings müssen Sie darauf achten, nicht in alte Gewohnheiten zurückzufallen. Hier erfahren Sie, was Sie im Alltag künftig berücksichtigen sollten.

11 Impulskäufe als Grundübel

Zunächst ist es wichtig zu verstehen, dass ein minimalistischerer Lebensstil nicht mit Konsumverweigerung gleichzusetzen ist. Sie dürfen sich alles kaufen, was Sie wollen. Sie sind an keine festen Regeln gebunden, müssen niemandem Rechenschaft ablegen – nur sich selbst.

Doch denken Sie einmal darüber nach, warum sich all diese Dinge in Ihrem Leben angesammelt hatten.

- Oft handelte es sich um Impulskäufe, weitgehend ungeplant – zumindest, was langfristige Folgen des neuen Eigentums betrifft. Eigentum verpflichtet – das ist nicht nur ein Spruch, es ist knallharte Realität.
- Und viele Käufe waren eigentlich dazu da, sich selbst zu belohnen oder zu trösten. Aber das wirkt nicht lang: Kurz nach dem Kauf verfliegt das gute Gefühl und bald ist ein neuer Shoppingtrip als Belohnung oder Trost notwendig.
- Schließlich sind da die Dinge, die vor allem Ihren sozialen Status manifestieren. Sie können es sich ja leisten, da gehört Konsum dazu.

Die Folge aus diesen Beobachtungen: ab sofort keine ungeplanten Einkäufe und Impulskäufe mehr!

12 Dinge des täglichen Bedarfs

Beim größten Teil der Artikel, die für den täglichen Bedarf beschafft werden, handelt es sich um Lebensmittel, Gebrauchsgegenstände und Verbrauchsgüter. Im Grunde ist das alles recht gut planbar: Wir sollten eigentlich wissen, was wir benötigen.

Tatsächlich finden wir uns allerdings recht oft in der Situation wieder, dass unser Einkaufswagen alle möglichen Produkte enthält, deren Kauf so gar nicht geplant war. Wir haben uns verführen lassen. Besonders deutlich wird das, wenn wir mit hungrigem Magen und ohne Einkaufszettel in einen großen Supermarkt gehen: Wir sind dann besonders für die Verführungen empfänglich, mit denen uns das Warenangebot lockt.

Eine äußerst sinnvolle Maßnahme ist daher, Lebensmittel und Verbrauchsartikel nicht mehr spontan einkaufen zu gehen, sondern gut geplante Großeinkäufe zu machen, bei denen Sie eine festgelegte Einkaufsliste abarbeiten. Natürlich werden Sie, gerade am Anfang, nicht allen Verlockungen widerstehen können. Aber ein oder zwei unnötige Produkte beim wöchentlichen Großeinkauf sind weniger problematisch als ein bis zwei pro täglichem Einkauf.

Die reduzierte Angebotspalette der Discounter wie Aldi oder Lidl kann helfen, sich auf die wirklich benötigten Produkte zu konzentrieren und weniger ungewollten „Beifang“ einzukaufen. Legen Sie eine Dauereinkaufsliste mit den Produkten an, die Sie regelmäßig benötigen.

Sie werden im Rahmen Ihres neuen Lebensstils bald feststellen, dass die für den Einkauf aufgewendete Zeit ähnlich vergeudet ist wie Ihr Zappen durch die Kanäle, wenn Sie von der Arbeit nach Hause kommen. Tatsächlich schwören viele Minimalism-Anhänger auf Lieferservices für die Alltagsprodukte, die man regelmäßig benötigt. Die Vorteile liegen auf der Hand:

- Man braucht kein Auto, verliert keine Zeit durch den Weg zum Supermarkt, die Produkte kommen zum vereinbarten Zeitpunkt einfach per Lieferservice in die Wohnung.
- Die benötigte Zeit reduziert sich auf ein paar Minuten für Bestellplanung und Bestellung sowie fünf Minuten für das Einräumen der Lebensmittel.
- Man ist deutlich weniger anfällig für die Verlockungen, die ein regulärer Einkauf bietet.
- Die gewünschten Produkte sind genau spezifizierbar und die Lieferbarkeit ist sichergestellt. Im Supermarkt kann es passieren, dass ausgerechnet der Lieblingsjoghurt oder der Schinken von der Einkaufsliste nicht verfügbar ist – und dann beginnt die Suche nach Alternativen in einem unüberschaubaren Sortiment.
- Spontankäufe werden vermieden.

Solche Lieferservices werden zum Teil von großen Supermärkten angeboten, aber auch Amazon hat ein interessantes Angebot, bei dem Lebensmittel und Verbrauchsgüter in einer Art Abonnement günstig bezogen werden können.

13
Kleidung und Schuhe

Brauchen Sie wirklich einen sechstürigen Schrank voll mit Bekleidung? Eine Kommode voller Wäsche? Einen ganzen Schuhschrank voll mit zwanzig, dreißig oder mehr Paar Schuhen, obwohl Sie doch immer nur die gleichen drei, vier, fünf Paar tragen?

Beim Thema Kleidung scheiden sich die Geister. Viele Hardcore-Minimalisten sind überzeugt davon, dass man nur zwei Hosen und eine Handvoll Hemden oder T-Shirts benötigt. Sie stellen sich eine Art persönlicher „Uniform" zusammen, so dass alle Bekleidungsstücke aufeinander abgestimmt und miteinander kombinierbar sind.

Auf der gegenüberliegenden Seite der Skala befinden sich die Fashionistas, für die Kleidung zur Stimmung passen und Lebensgefühl ausdrücken soll. Heute schick, am Abend bequem, morgen frühlingshaft und übermorgen „business-like". Und bloß nicht zweimal pro Monat exakt das gleiche Outfit tragen. Für diese Fashionistas ist ein Uniform-Ansatz undenkbar. Die meisten „normalen" Menschen befinden sich irgendwo zwischen diesen beiden Extremen.

Doch so ein Uniform-Konzept hat durchaus seine Vorteile:

- Die Zahl der Kleidungsstücke im eigenen Besitz wird zweifellos minimiert.
- Man gewinnt Zeit, weil man am Morgen nicht unentschlossen vor dem Kleiderschrank steht und sich fragt: Was soll ich heute anziehen?

- Impulskäufe werden unwahrscheinlicher, weil sie sich nicht in das Uniform-Konzept integrieren lassen.
- Beschaffung und Nachkauf werden vereinfacht, weil man genau weiß, wonach man sucht.

Apple-Gründer Steve Jobs war ein typischer Uniform-Verfechter: Er trat in der Öffentlichkeit stets im gleichen Outfit auf: blaue Jeans, schwarzer Pullover, Sneaker. Für Jobs wurde dieses Outfit faktisch zu seinem Markenzeichen.

Von Albert Einstein ist bekannt, dass er sich gleich mehrere Exemplare seiner grauen Anzüge fertigen ließ, mit der Begründung, so würde er morgens Zeit sparen. Auch US-Präsident Barack Obama trägt in der Regel das gleiche Outfit.

Allerdings hat das Uniform-Konzept unter Umständen auch Nachteile: So ist nicht jedes Outfit für jede Situation geeignet, und vor allem in beruflichen Situationen kann es notwendig sein, sich einer gewissen Erwartungshaltung zu unterwerfen. Das bedeutet aber nicht, dass Sie das Konzept nicht zumindest für Ihre Freizeit adaptieren können.

Beim Einkauf müssen Sie allerdings viel mehr als früher auf Qualität, Haltbarkeit und Bequemlichkeit achten. Zwar wird der Preis zweitrangig, da Sie ja weniger Kleidungsstücke kaufen, aber Qualität und Haltbarkeit lassen sich oft erst nach einigen Wochen Nutzung beurteilen. Kaufen Sie also gleich fünf identische T-Shirts und stellen dann fest, dass sie schon nach zwei Wäschen die Form verlieren, dann ärgern Sie sich genauso, wie wenn Sie zunächst Testkäufe tätigen und dann feststellen, dass identische Ware wenige Wochen später nicht mehr in Ihrer Größe erhältlich ist oder es sich um eine neue Lieferung handelt, die doch ganz anders ausfällt als das ursprüngliche Kleidungsstück.

Manche Verfechter des Uniform-Konzepts favorisieren daher Angebote von Websites, die auf Maßfertigung oder Unternehmensbekleidung spezialisiert sind. Hier können Sie in der Regel Größe, Qualität und Ausstattungsmerkmale detailliert festlegen, zugleich ist die längerfristige Verfügbarkeit gewährleistet, so dass Nachbestellungen möglich sind. Allerdings beliefern manche dieser Dienste keine Privatpersonen oder verlangen eine gewisse Mindestbestellmenge.

Aber auch, wenn Sie dem Uniform-Ansatz für sich nichts abgewinnen können, sollten Sie Impulskäufe unbedingt vermeiden. Nehmen Sie einen Freund oder eine Freundin zum Einkauf mit oder bestellen Sie mit Rückgaberecht im Internet und machen Sie dann gemeinsam im Laden oder zu Hause den Test, ob die Kleidungsstücke funktional, qualitativ und stilistisch in Ordnung sind und Ihnen nicht nur passen, sondern auch stehen.

Alle vorstehenden Ausführungen zur Bekleidung lassen sich auch auf Schuhe, Accessoires und Taschen übertragen, wobei hier noch stärker die Nützlichkeit im Vordergrund stehen sollte: Schuhe und Taschen müssen in erster Linie praktisch sein! Gar keine Rolle sollte für Anhänger eines minimalistischen Lebensstils spielen, dass das Angebot ein „Schnäppchen“ oder eine „einmalige Gelegenheit“ ist.

14
Gadgets und Unterhaltungselektronik

Im Bereich Unterhaltungselektronik und elektronische Spielereien finden sich (vor allem bei Männern) häufig die meisten ungenutzten Anschaffungen. Die Branche versteht es hervorragend, das „Haben wollen"-Gen anzusprechen und gleichzeitig mit immer neuen Modellen dafür zu sorgen, dass das Modell, das man bereits besitzt, wie aus dem letzten Jahrtausend wirkt.

Auch hier gilt es, Impulskäufe zu vermeiden und Ersatzbeschaffungen nur dann vorzunehmen, wenn wirklich Bedarf (zum Beispiel aufgrund eines Defekts) oder ein tatsächlich vorhandener (und nicht nur durch die Werbung suggerierter), wesentlich höherer Nutzwert besteht. Informieren Sie sich vor einem Neukauf umfassend, unter anderem im Internet, und entscheiden Sie sich vorab für ein bestimmtes Gerät. Gehen Sie keinesfalls in ein Geschäft und kaufen Sie allein aufgrund der Beratung durch den Verkäufer unreflektiert ein lagerndes Gerät, sondern sammeln Sie zusätzliche Informationen zu dem angebotenen Gerät, bevor Sie sich entscheiden.

Achten Sie bei Ihrer Kaufentscheidung auch auf Nachhaltigkeit: Hersteller verstehen es zum Teil sehr geschickt, durch die Einschränkung der Unterstützung für ältere Geräte neue Modelle zu pushen. Wenn Sie ein neues Handy benötigen, dann nehmen Sie eines von einem Hersteller, der eher dafür bekannt ist, Updates auch für ältere Geräte über einen längeren Zeitraum bereitzustellen. Sie können auch versuchen, im Internet in Erfahrung zu bringen, ob

Kunden sich über eine Häufung von Problemen nach Ende der Garantiezeit beschweren: Manchen Produkten werden Sollbruchstellen nachgesagt, die dafür sorgen sollen, dass nach einem bestimmten Zeitraum entweder eine teure Wartung oder gleich ein Neukauf notwendig wird. Hellhörig sollten Sie zum Beispiel werden, wenn der Hersteller der Espressomaschine die Garantiezeit auf den Bezug von 3.500 Tassen begrenzt.

Darüber hinaus sollten Sie die Regel beherzigen, dass neue Anschaffungen in diesem Segment die Zahl der Geräte in Ihrem Besitz nicht erhöhen, im Idealfall sogar reduzieren sollte. Das bedeutet, dass Sie ein altes Gerät verschenken, verkaufen oder verschrotten müssen, wenn Sie sich ein neues anschaffen. Multifunktionale Geräte, die die Funktionen gleich mehrerer Altgeräte übernehmen, sind dementsprechend gegenüber Geräten mit nur einer einzigen Funktion zu bevorzugen. Achten Sie aber vor der Anschaffung darauf, dass die Funktionalität der zu ersetzenden Geräte vollständig und ohne komplexes Handling abgedeckt wird.

Versuchen Sie zudem, Gadgets mit fragwürdigem Nutzen komplett zu entsagen. Eine gute Methode dafür: Schieben Sie die Kaufentscheidung grundsätzlich um eine Woche auf. Tragen Sie in Ihren Kalender einen Termin in acht bis zehn Tagen ein, um sich dann mit dem Kauf zu beschäftigen. Sie werden feststellen: An viele Angebote haben Sie seit dem Eintragen des Termins gar keinen Gedanken mehr verschwendet – begraben Sie dann den Kaufimpuls. In vielen Fällen ist das Interesse zudem abgekühlt und Sie fragen sich, warum Sie jemals geglaubt haben, dass Sie diesen innovativen Chips-Greifer wirklich brauchen könnten. Und bei den verbleibenden, potenziell interessanten Gadgets informieren Sie sich zunächst im Internet hinsichtlich eventueller Tests und Kundenstimmen, dann erstellen Sie eine Liste mit Argumenten, die für oder gegen den Kauf sprechen.

Mancher Leser wird einwenden, dass viele Angebote nur eine Woche oder kürzer gültig sind. Verschiebt man die Kaufentscheidung um eine Woche und mehr, dann gibt es das Angebot unter Umständen nicht mehr! Tatsächlich ist dies aber ein zusätzlicher Vorteil dieser Methode: Sie sollten sich als angehender Minimalist nicht von einem günstigen Preis oder einer einmaligen Gelegenheit blenden lassen, denn genau das sind die Ursachen dafür, dass sich so viele unnötige Gegenstände in unserem Leben ansammeln. Die Wirtschaft weiß sehr genau, dass „Dringlichkeit" logisches Denken unterwandert und rationale Kaufentscheidungen erschwert. Da Sie im Rahmen des Minimalism allein durch bewussten Verzicht viel Geld sparen, sind Sie zudem nicht darauf angewiesen, die wirklich relevanten Produkte zum Schnäppchenpreis zu erstehen.

15
Unterhaltung und Bildung

Bücher, CDs, DVDs, Zeitschriften: Viele Wohnungen sind faktisch verstopft von diesen Produkten. Ganz abgesehen von den ökologischen Fragen, die diese als physikalische Produkte verpackten Inhalte aufwerfen: Welche dieser Inhalte haben Sie wirklich aktiv genutzt? Bei Bildungsprodukten spricht man oft auch davon, dass sie eher dem Shelf-Development dienen als dem Self-Development, also dem Wachstum der Regale statt der Entwicklung Ihrer Persönlichkeit.

Es gilt also, künftig nicht nur zu hinterfragen, ob Sie einen bestimmten Inhalt wirklich benötigen, sondern auch, ob es nicht sinnvollere Varianten gibt, diesen zu konsumieren. Videos, Musik und Bücher können mittlerweile bequem auch digital bezogen und konsumiert werden. Auf einem iPad mini oder Kindle können Sie problemlos tausende E-Books speichern und jederzeit mit sich führen. Videos können Sie bei Bedarf „on demand" abrufen. Und auch das rein digitale Angebot an jeglicher Art von Musik und Hörbüchern ist gewaltig. Sie müssen sich also nicht Schrankwände und Regale mit physikalischen Kopien vollstellen.

Mehr noch: Viele dieser Inhalte müssen Sie eigentlich nicht einmal besitzen. Die Zahl der Filme, die man sich auf DVD mehrfach anschaut, ist überschaubar. Sie könnten sich also Filme auch leihen, statt sie zu kaufen. Mit Büchern und E-Books ist es ähnlich: Wie wichtig ist der dauerhafte Besitz wirklich? Und für Musik existieren mit Spotify und Co. zahlreiche Angebote, die unbegrenzten Musikgenuss für eine monatliche Gebühr versprechen. Solche jederzeit kündbaren Mitgliedschaften, bei denen man bewusst auf Besitz verzichtet und nur für Verfügbarkeit und breite Auswahl zahlt, sind für einen minimalistischen Lebensstil ein echter Segen.

Besonders lästig sind Abonnements von Druckerzeugnissen: Tages- und Wochenzeitungen, Magazine und Zeitschriften zu abonnieren erschien uns irgendwann als praktisch und bequem. Aber wie viele ungelesene oder nur angelesene Ausgaben liegen bei Ihnen irgendwo in der Wohnung herum? Kündigen Sie Ihre Abos – sollte es wirklich eine Ausgabe geben, die Sie interessiert, so können Sie sie auch als Einzelheft erwerben. Das mag zwar auf den ersten Blick teurer sein, aber dafür konsumieren Sie bewusster.

Eine Alternative sind digitale Abonnements. Hier liegen zumindest keine Ausgaben ungelesen in der Wohnung herum, sondern warten im Web oder auf Ihrem Tablet darauf, gelesen zu werden. Wenn Sie den Minimalism-Gedanken allerdings einige Zeit leben, dann werden Sie vermutlich feststellen, dass auch die ungelesenen, digitalen Ausgaben, die auf Sie warten, zur Belastung werden und Stress erzeugen können. Wenn Sie dieses Gefühl verspüren, ist das ein sicheres Anzeichen dafür, dass Sie sich auch von dem digitalen Abo trennen sollten.

Zusammenfassend sollten Sie sich von zwei überholten Vorstellungen verabschieden:

1. Es geht bei Unterhaltung und Bildung nicht mehr unbedingt um physische Produkte. Was für Sie wichtig ist, sind die Inhalte – und die meisten sind heute auch digital verfügbar. So beanspruchen sie keinen wertvollen Platz in der Wohnung mehr, sondern warten auf Sie im Internet oder als Datei auf Ihrem Computer/ Reader.

2. Bildungs- und Unterhaltungsinhalte muss man heute nicht mehr besitzen, man muss nur bei Bedarf rasch darauf zugreifen können.

Natürlich ist der Wechsel hin zu digitalen Inhalten für einen minimalistischeren Lebensstil nicht verpflichtend. Kritiker könnten zudem einwerfen, dass man von zusätzlichen Geräten abhängig wird, um digitale Inhalte überhaupt nutzen zu können. Und zweifellos gibt es durchaus Situationen, in denen ein klassisches Buch Vorteile gegenüber einem E-Book hat. Aber die Entwicklungen in diesem Bereich schreiten so rasch voran, dass viele Argumente, die heute noch zutreffen, morgen schon überholt sein können. Halten Sie sich also die Optionen offen, bleiben Sie technischen Entwicklungen gegenüber aufgeschlossen und entscheiden Sie sachlich, was wann in welcher Situation für Sie am praktikabelsten ist.

16 Sonstige Anschaffungen

Ganz allgemein sollten Sie zunächst hinterfragen:

- Wie häufig werden Sie den Gegenstand tatsächlich nutzen? Nur Dinge, die Sie wirklich regelmäßig nutzen wollen, sollten Sie auch besitzen.
- Welche Vorteile durch den Besitz stehen welchen Nachteilen beim Verzicht auf den Gegenstand gegenüber?
- Welche Alternativen zum persönlichen Besitz bieten sich an und welche Vor- und Nachteile sind damit verbunden?

Prinzipiell dürfen und sollen Sie sich alles leisten, was Ihnen wichtig ist. Doch mit Erwerb geht auch dauerhafte Verantwortung einher. Statt ein Produkt zu kaufen, können Sie es unter Umständen mieten. Oder Sie weichen auf Alternativen aus: Heute benötigen Sie kein separates Diktiergerät mehr, um Sprachnotizen aufzunehmen, denn die Funktionalität ist in Ihr Handy integriert. In anderen Fällen können Sie einen Dienstleister beauftragen: Schließlich müssen Sie keine Fluglinie besitzen, um in Urlaub fliegen zu können, und Sie brauchen keinen eigenen Pizzaofen, um gute Pizza genießen zu können, sondern können dafür in eine gute Pizzeria gehen.

Wenn es keine Alternative zum Kauf gibt, Sie den Gegenstand allerdings in Wirklichkeit nur temporär benötigen, dann setzen Sie sich zum Ziel, den Gegenstand schnellstmöglich wieder zu verkaufen.

17 Wohnungseinrichtung

Nachdem Sie sich von überflüssigem Besitz getrennt haben, werden Sie feststellen, dass deutlich mehr Platz in Ihrer Wohnung vorhanden ist und mehr Ordnung herrscht. Manche Schrankfächer und Schubladen sind jetzt leer und eigentlich ebenfalls überflüssig. Wenn Sie mögen, dann verabschieden Sie sich auch von einem Teil Ihrer Einrichtungsgegenstände.

Übrigens: Je weniger geschlossenen, blickdichten Stauraum (wie Schrankfächer, Schubladen, Kisten) Sie in der Wohnung haben, umso besser für die bewusste Umsetzung eines minimalistischen Lebensstils: Sie können sich dann nicht selbst beschummeln, indem Sie unnötige Dinge vor sich selbst verstecken oder das Chaos hinter geschlossenen Schranktüren einsperren. Zugleich leben Sie bewusster mit Gegenständen, die Sie täglich offen vor sich sehen.

Überlegen Sie für einen Moment: Wie oft ist es Ihnen in der Vergangenheit passiert, dass Sie beim Aufräumen oder bei der Suche nach einem Gegenstand auf einen ganz anderen gestoßen sind, von dem Sie verblüfft feststellten: „Ach ja, das habe ich ja auch noch!“ Eine solche Situation ist typisch dafür, dass Sie den Überblick über Ihre Besitztümer verloren haben. Wenn Sie Ihr Hab und Gut reduzieren und die verbleibenden Objekte etwas sichtbarer verstauen, ist ein solches Erlebnis wesentlich unwahrscheinlicher.

18
Geschenke

Sie werden es nicht vermeiden können: Wohlmeinende Menschen glauben, Ihnen durch Geschenke, mit denen Sie so gar nichts (mehr) anfangen können, eine Freude zu machen. Am Anfang Ihrer Minimierungsbemühungen ist es besonders schwierig, mit solchen Situationen umzugehen, zumal Verwandte gerne Ihren neuen Trend zum Minimalism als Zeichen dafür missdeuten, dass Sie sich bestimmte Dinge momentan nicht mehr leisten können.

Vermeiden Sie unbedingt, genervt oder unwirsch zu reagieren. Geschenke sind ein Zeichen der Aufmerksamkeit, sagen aber häufig mehr über den Schenkenden aus als über den Beschenkten. Sie können zwar im Vorfeld von Geburtstag, Weihnachten und Co. darauf hinweisen, dass Sie keine Geschenke möchten – aber das stürzt Freunde und Familie nur in einen Gewissenskonflikt. Besser ist es, kreativer an das Problem heranzugehen.

Geben Sie den potenziell Schenkenden einen guten Grund, „out of the box" zu denken: „Zu meinem Geburtstag möchte ich etwas Gutes tun und Ärzte ohne Grenzen unterstützen. Statt mich zu beschenken, bitte ich euch, dieses Ziel zu unterstützen. Dazu werden wir bei der Party ein Spendenschwein aufstellen und die Summe, die zusammenkommt, werde ich dann aufstocken und für diesen guten Zweck spenden."

Oder machen Sie klar, dass für Sie gemeinsame Zeit und außergewöhnliche Erlebnisse viel interessanter sind als Besitztümer. Regen Sie an, kreative Gutscheine für gemeinsame Erlebnisse zu schenken.

So hat auch der Schenkende etwas davon, sich statt klassischem Geschenk etwas Individuelles auszudenken.

Oder Sie machen Ihre Geburtstagsparty selbst zum Event und regen an, statt Geschenken etwas zur Umsetzung oder den entstehenden Kosten beizutragen. Im einfachsten Fall machen Sie einen Themenabend, zu dem die Gäste Speisen und Getränke mitbringen (und möglichst die Reste wieder mitnehmen). Aber Sie können auch gemeinsam etwas unternehmen: eine Wanderung, einen Zirkusbesuch, einen Ausflug mit dem Schiff. Der Erinnerungswert eines solchen Geburtstagsfestes ist für alle wesentlich höher, als wenn man ein paar Stunden um den Kaffeetisch sitzt und sich mit Smalltalk die Zeit vertreibt.

Natürlich gibt es immer diejenigen, von denen Sie wissen, dass sie trotzdem ein Geschenk mitbringen wollen. Sie kennen es nicht anders. Überlegen Sie, ob Sie sich Geschenkguthaben beispielsweise für iTunes oder Amazon wünschen können. Den Betrag können Sie dann selbst sinnvoll verwenden oder die Guthabenkarte weiterverschenken.

Und wenn Ihre Mutter es sich trotzdem nicht nehmen lässt, Ihnen Socken, Taschentücher und Schals zu schenken, dann ist es eben so. Versuchen Sie, ihr irgendwann schonend beizubringen, dass Sie sich zwar über die Geschenke freuen, sich aber offenhalten, sie an Bedürftige zu geben, wenn Sie feststellen, dass Sie sie nicht brauchen oder die Geschenke Ihnen nicht passen.

Teil IV

Denken Sie um!

Impulskäufe zu vermeiden und das eigene Konsumverhalten bewusster zu hinterfragen sind wichtige Elemente Ihrer Minimalism-Strategie. Aber je mehr Sie die grundlegende Idee in Ihr Leben integrieren, umso mehr Bereiche sind betroffen.

Lassen Sie sich inspirieren!

19 Fortbewegung und Transport

Das Thema Mobilität hat in unserem Leben einen großen Stellenwert. Wir leben in einer Gesellschaft, die mobil ist, obwohl immer mehr Dinge eigentlich auch von zu Hause aus erledigt werden können. Das Thema ist darüber hinaus aber auch sehr statusbezogen. Der Pkw, den wir fahren, kann viel über uns aussagen.

Dabei ist das Auto nicht nur Fortbewegungsmittel und Statussymbol: Es verursacht auch hohe Kosten sowohl für die Nutzung als auch im Unterhalt. So wird die vermeintliche Freiheit, jederzeit mobil zu sein, erkauft mit Ratenzahlungen, Versicherungsbeiträgen, Steuern und Reparaturkosten. Wenn es denn wenigstens so wäre, dass uns im Gegenzug freie Fahrt erwarten würde. Aber das Gegenteil ist der Fall: Ständige Staus und die Suche nach bezahlbaren Parkplätzen sorgen für Frust statt Lust. Die mobile Freiheit als Klotz am Bein.

Damit liegt die Frage nahe: Benötigen Sie wirklich ein oder gar zwei Autos, ein Motorrad und sonstige motorisierte fahrbare Untersätze? Je mehr Sie in einen minimalistischeren Lebensstil hineinwachsen, umso radikaler können die Fragen ausfallen, was davon ebenfalls eliminiert werden könnte.

Tatsächlich gibt es zum eigenen Pkw – besonders im städtischen Umfeld – mittlerweile so viele Alternativen wie noch nie. Es muss nicht auf Mobilität verzichtet werden, wenn man keinen Pkw besitzt.

Gerade bei diesem Thema hängt es allerdings sehr stark von den persönlichen Lebensumständen und dem Wohnort ab, welche der zur Verfügung stehenden Alternativen tatsächlich sinnvoll und tragbar sind. In der Stadt können viele Fahrten auch mit öffentlichen Verkehrsmitteln erfolgen, wenn man in entsprechend günstiger Lage wohnt. Außerhalb der Stadt ist das allerdings schon deutlich schwieriger.

Für Fahrten, auf die man nicht verzichten möchte, die aber nur selten vorkommen (Urlaub, größere Transporte, Besuche entfernter Freunde und Bekannter), kann man auch auf Mietwagen ausweichen.

In Großstädten wird zudem das Car-Sharing-Angebot immer weiter ausgebaut; oft sind dort allerdings nur Fahrten in einem bestimmten Radius oder Gebiet möglich und nicht immer ist sichergestellt, dass für spontane Aktionen auch ein Car-Sharing-Wagen verfügbar ist. Doch selbst die Fahrt mit dem Taxi kann eine sinnvolle Variante sein, wenn sie nicht zum Regelfall wird.

Wichtig bei diesen Überlegungen ist es, die eigene Motivation zu hinterfragen: Gegenstand eines minimalistischeren Lebensstils ist vor allem die Reduktion von (belastendem) Besitz – aber niemand schreibt Ihnen vor, in welchem Ausmaß Sie diese Idee für sich umsetzen wollen.

Wenn Sie also Ihren vorhandenen Fahrzeugpark vor allem als physische und/oder finanzielle Belastung empfinden, dann handeln Sie. Wenn nicht, dann belassen Sie es – zumindest vorerst – beim Status quo, aber überprüfen Sie regelmäßig, ob sich Ihre Einstellung dazu, aber auch die Attraktivität der zur Verfügung stehenden Alternativen verändert hat.

Geld zu sparen, das für Versicherungen, Reparaturen, Benzin und den Unterhalt eines Wagens aufgewendet werden muss, auch wenn dieser nur selten genutzt wird, kann ein Auslöser sein, um über Transportalternativen nachzudenken. Wie auch der Wunsch, den eigenen ökologischen Fußabdruck zu verringern oder etwas für die eigene Gesundheit zu tun und deshalb zum Beispiel auf das Fahrrad umzusteigen.

20
Freizeitgestaltung

Wir geben durchschnittlich mehr als 11 Prozent unseres Konsumbudgets für Freizeit und Sport aus. Das ist nach den Bereichen Miete und Energie (33 Prozent), Verkehr (14,5 Prozent) sowie Nahrungs- und Genussmittel (14 Prozent) der viertgrößte Posten bei unseren Ausgaben.

Die Ausgaben teilen sich auf in Käufe von Produkten sowie Kosten für Eintritte und Ähnliches, sind also einmal besitz- und einmal erlebnisbezogen. Wenn Sie sich die in das erste Segment fallenden Produkte anschauen, auf die Sie ganz offenbar verlustfrei verzichten können, dann zeigt sich darin zumeist ein Muster: Wir kaufen Produkte zur Freizeitgestaltung und sportlichen Betätigung, aber der Langzeitnutzen dieser Käufe bleibt meist auf der Strecke. Was einst als tolle Idee erschien, wurde schnell langweilig und verschwand in der Schublade oder im Keller.

Auf der anderen Seite entsteht durch Kosten für Eintritte und andere Freizeit- und Kulturaktivitäten ein unmittelbarer, wenn auch zeitlich begrenzter Gegenwert. Minimalisten bietet sich hier eine ideale Möglichkeit, ihr hart verdientes Geld sinnvoll einzusetzen, nämlich für echte, einzigartige Erlebnisse.

Generell steht das intensive Erleben beim Minimalism über dem Besitz. Der Vorteil: Wer in das einmalige Erlebnis investiert, setzt seine Zeit für etwas Einzigartiges ein.

Besitz hingegen ist auf Wiederholung ausgelegt: Ein Kauf rechnet sich nur, wenn Sie den erworbenen Gegenstand möglichst häufig nutzen. So ist es nicht verwunderlich, dass sich bei Personen, die einen minimalistischen Lebensstil pflegen, eine Verschiebung der Ausgaben in Richtung Events, Erlebnisse und allgemein Dienstleistungen und Services im Bereich Freizeit, Kultur und Sport beobachten lässt.

Unternehmen wie die Jochen Schweizer GmbH haben diesen Trend erkannt und positionieren sich als Spezialisten für unvergessliche Erlebnisse. Hier können Kunden Erlebnisse aus über 1.000 Bereichen buchen – vom Adrenalin-geladenen Abenteuer voller Action über Outdoor-Erlebnisse für die ganze Familie bis hin zu Wohlfühl-Erlebnissen zum Entspannen und Genießen (Eigenwerbung). Die Packages, die sich auch als Geschenk eignen, bieten sich an, um einen Einstieg zu finden, die eigene Zeit spannender und interessanter zu verbringen als vor dem Fernseher auf dem heimischen Sofa.

Fortgeschrittene Minimalism-Anhänger werden allerdings nicht bei fertig geschnürten Abenteuer-Packages Halt machen, sondern sich bewusst darum bemühen, individuell die eigenen Träume zu verwirklichen.

Eine Sonderstellung nehmen die Kosten für Mitgliedschaften ein: Die Mitgliedschaft im Fitness-Club ist beispielsweise für manche Personen ein absolutes Schnäppchen, weil sie regelmäßig im Club Sport treiben und so die Kosten für die Einrichtung eines eigenen Fitnessraums vermeiden. Auf der anderen Seite gibt es zahlreiche Personen, für die die Mitgliedschaft im Fitness-Club nur das eigene Gewissen beruhigt – tatsächlich nutzen sie das Angebot höchstens im Januar aus, weil ihr Vorsatz für das neue Jahr darin bestand, mehr für die eigene Fitness zu tun. Spätestens im Februar ist die Euphorie dann wieder verflogen. Ähnliches gilt auch für die Jahreskarte für den Zoo oder das Museum: Sie lohnen sich nur dann, wenn das Angebot wirklich regelmäßig genutzt wird.

21
Wohnraum und Miete

Ein Drittel des verfügbaren Einkommens geben wir durchschnittlich für die Miete sowie die damit verbundenen Neben- und Energiekosten aus. Wenn es gelingt, zu einem minimalistischeren Lebensstil zu finden und diesen konsequent zu verfolgen, wird unser Wohnraum zwangsläufig leerer.

Dies kann dazu genutzt werden, sich nach einer kleineren Wohnung umzuschauen, die nunmehr durch das „Entrümpeln" des eigenen Hab und Guts vollkommen ausreicht. So können Miete und Nebenkosten reduziert werden.

Tatsächlich ist für viele allein die Vorstellung, ihr gesamtes Hab und Gut in Kisten verpacken, transportieren und wieder einräumen zu müssen, ein wichtiger Aspekt, einem möglichen Umzug ablehnend gegenüberzustehen. Begründet wird diese Ablehnung dann zwar häufig rational mit der Verwurzelung am bestehenden Ort und der Bedeutung der aufgebauten sozialen Kontakte. Oft aber ist es allein die schiere Menge an Besitztümern, die uns immobil werden lässt.

Denkbar ist aber auch, dass Sie sich durch die neu gewonnene räumliche und finanzielle Freiheit angespornt fühlen, sich endlich Ihren Wohntraum zu erfüllen. Träumen Sie beispielsweise von einem Loft oder einer weitläufigen Wohnung, haben aber aufgrund Ihres angehäuften Besitzstandes bisher sowohl einen Umzug gescheut als auch in der Gewissheit gelebt, dass sich offener Raum bei Ihnen ohnehin nur schwer würde umsetzen lassen? Jetzt besteht die Möglichkeit, sich Ihren Traum doch noch zu erfüllen.

22 Kommunikation

Der gesamte Bereich Kommunikation und insbesondere der Telekommunikation hat sich in den letzten zehn Jahren dramatisch verändert; klassische Telefonie und Fax verlieren an Bedeutung, während das Internet und insbesondere mobile Datendienste immer wichtiger werden. Diese Veränderung spiegelt sich aber erst langsam in unserem Konsumverhalten wider. Längst könnte man auf Festnetztelefon, Fax und Anrufbeantworter verzichten. Die Funktionen werden durch internetbasierte Voice-over-IP-Dienste (SIP, Skype ...) ersetzt – oder gleich durch datenbasierte Mobilfunklösungen, die ortsunabhängig funktionieren.

Auch bislang separat abgerechnete Dienste wie SMS werden immer häufiger durch datenbasierte und damit pauschal über die Kosten für den Internetzugang abgerechnete Services wie iMessage, WhatsApp oder Facebook Instant Messenger abgelöst.

Dabei kann das Smartphone oder Tablet mit 3G/LTE-Unterstützung heute gleich einen ganzen Gerätepark ersetzen: Es ist Telefon, Fax, Anrufbeantworter, E-Mail-Client, Internet-Browser, Navigationssystem, Digitalkamera, Diktiergerät, Notiz- und Skizzenblock, Reader, TV-Zeitschrift, Echtzeit-Fahrplanauskunft und vieles mehr. Teilweise können sogar die Funktionen von Fernsehen und Videorekorder übernommen werden.

Dem minimalistischen Lebensstil kommt dies entgegen, bedeutet es doch, dass sich so zahlreiche monofunktionale Geräte durch multifunktionale Smartphones und Tablets ersetzen lassen. Dem gegenüber stehen zwar höhere Anschaffungskosten für diese Geräte sowie vergleichsweise teure Datentarife, die Vereinfachung des „Gerätefuhrparks" ist allerdings ein Vorteil, der diese Kosten mehr als wettmacht.

23
Digitalisierung

Die Entwicklungen im Bereich der Telekommunikation sind die Auswirkungen eines weit größeren Trends: der zunehmenden Digitalisierung von Inhalten und Services und der flächendeckenden Verfügbarkeit von Internet- und Datendiensten. Diese Trends erweisen sich auf dem Weg zu einem minimalistischen Lebensstil als extrem nützlich.

Durch die Digitalisierung ist es nicht nur möglich, neue Inhalte in digitaler Form oder eine zeitlich befristete Nutzungslizenz zu erwerben („Mietmodell"), was sich bei neuen Anschaffungen vorteilhaft auswirkt. Auch bestehende Inhalte können entweder selbst digitalisiert werden, von spezialisierten Dienstleistern professionell in digitale Formate übertragen oder in digitaler Form erneut erworben werden.

Dies gilt unter anderem für VHS-Kassetten, LPs, CDs, DVDs, ja, sogar Bücher, Urlaubsfotos und Urlaubsfilme. Selbst Papierstapel können bei Bedarf mittels Scanner in digitale, durchsuchbare Dokumente überführt werden. Im Bereich Musik bieten Dienste wie iTunes Match von Apple oder der „Scan-and-Match"-Service von Google Music die Möglichkeit, eine vorhandene Musiksammlung sogar automatisch zu analysieren und legale, digitale Kopien der Songs im Internet bereitzustellen. Amazon bietet mit dem Service AutoRip Kunden mittlerweile die Möglichkeit, beim Kauf von Musik-CDs eine digitale Kopie der Musikstücke in der Amazon Cloud bereitzustellen.

Dienste wie iTunes, Google Play oder der Streamingdienst des Amazon-Unternehmens Lovefilm sind zudem geeignet, den Besuch in der Videothek überflüssig zu machen. Kunden können hier Filme nicht nur in digitaler Form erwerben, sondern auch ausleihen. Die On-Demand-Dienste streamen den Film dann jederzeit auf Wunsch per Internet, die Anzeige auf dem heimischen TV kann durch Media-Boxen wie Apple TV oder auch direkt über das an den Fernseher angeschlossene Smartphone oder iPad/Tablet erfolgen. Natürlich können die Streams auch direkt am PC, Notebook oder Tablet angeschaut werden.

All diese Optionen sind geeignet, bestehende physikalische Sammlungen zu digitalisieren und die Originale zu archivieren oder zu vernichten. Längst ist auch das dabei entstehende Datenvolumen für die Speicherung und gegebenenfalls die Übertragung mittels Internet kein Problem mehr. Minimalisten sind allerdings gut beraten, nicht blind alle vorhandenen Inhalte zu digitalisieren, sondern die Gelegenheit zu ergreifen, die Sammlungen von überflüssigen Inhalten zu befreien.

Fotos und Videos werden mittlerweile ebenfalls überwiegend digital erstellt und können problemlos in dieser Form gespeichert werden. Selbst Dokumente, Bedienungsanleitungen und Rechnungen liegen immer häufiger rein digital vor.

Sogar alte Dias und Foto-Negative lassen sich einscannen und so digitalisieren. Billige Negativ- und Fotoscanner liefern allerdings nur eine bescheidene Qualität und sind nicht für größere Sammlungen geeignet. Professionelle Dienstleister erzeugen digitale Kopien mit einer wesentlich höheren Qualität und Auflösung, überlegen Sie also, ob es nicht sinnvoll wäre, die Kosten für diesen Service in Kauf zu nehmen.

Auch die Software-Distribution hat sich in den letzten Jahren deutlich verändert. Immer mehr Software wird direkt aus Appstores heruntergeladen statt auf CD-ROMs und DVDs vertrieben zu werden.

Immer häufiger verzichten Hersteller bei neuen Geräten sogar auf den Einbau von DVD-Laufwerken und DVD-Brennern. Wenn Sie noch eine große Softwaresammlung oder eigene alte Backups auf diesen Silberscheiben haben, können Sie diese vermutlich auch zum größten Teil entsorgen. Allerdings gehören alte CDs und DVDs nicht in den Hausmüll und sollten zudem vor der Entsorgung zerstört werden, wenn sie – wie beispielsweise Backups – persönliche Daten enthalten.

Der Umgang mit und die Speicherung von digitalen Objekten ist durch Services wie Dropbox, Box, iCloud und Co. auch für Laien sehr einfach. Die plattformunabhängige Speicherung im Internet erlaubt nicht nur den jederzeitigen Zugriff von unterwegs, sondern ermöglicht es auch, Inhalte einfach mit Freunden und Bekannten zu teilen. Bei der Nutzung dieser Dienste sollten allerdings Datenschutzaspekte berücksichtigt werden.

Tageszeitung, Fernsehzeitschrift und Wochenmagazine werden von immer mehr Personen durch Online-Dienste und Internetseiten ersetzt: Man spart nicht nur Papier und Kosten, die Online-Angebote punkten in der Regel auch durch höhere Aktualität und Interaktivität.

Sie können sogar Ihr TV-Gerät und Ihr Radio abschaffen, ohne auf das aktuelle Programm zu verzichten. ARD und ZDF bieten, wie andere TV-, aber auch Radiosender, im Internet Live-Streams ihres Programms an. Sollten Sie Sendungen verpassen, können Sie diese zum Teil in den Mediatheken, die viele Sender mittlerweile bereitstellen, zeitversetzt abrufen. Natürlich befreit Sie das nicht von der Pflicht, Rundfunkgebühren zu zahlen. Aber vor allem für Singles und für jene, die selten fernsehen oder Radio hören, bietet sich so eine Möglichkeit, ein weiteres Gerät abzuschaffen und die Inhalte künftig auf dem Tablet oder PC beziehungsweise Notebook zu konsumieren.

Apropos PC: Überlegen Sie auch, ob Sie einen vorhandenen PC durch ein Notebook oder Tablet beziehungsweise iPad ersetzen können. Sie gewinnen wertvollen Platz, der sonst von PC, Monitor, Tastatur, Maus und Kabelverhau belegt wird, und ein portables Gerät verschwindet rasch im Schrank oder in der Schublade, wenn es nicht benötigt wird. Kleine Geräte wie ein iPad mini oder Ähnliches und auch die superflachen Ultrabooks lassen sich überdies problemlos auf Reisen mitnehmen.

24 Leihen und mieten statt kaufen

Der Minimalism-Ansatz zielt darauf ab, die Zahl der Gegenstände im persönlichen Besitz drastisch zu reduzieren und so nicht nur Platz in der Wohnung oder im Haus, sondern auch mentalen Freiraum zu gewinnen. Wie schon an anderer Stelle erwähnt, ist es dabei nicht das Ziel, die Lebensqualität einzuschränken, sondern sie im Gegenteil zu steigern. Der Verzicht auf Kauf und Besitz nur aus dem Prinzip der Askese heraus ist also der Sache des Minimalism nicht dienlich. Stattdessen sollten Sie bei jedem auftretenden Wunsch hinterfragen:

- Was verbirgt sich wirklich hinter dem Wunsch?
- Ist die ursprüngliche Motivation eher produkt- oder doch stärker erlebnisbasiert?
- Lässt sich der zugrunde liegende Wunsch auch ohne Kauf, beispielsweise durch Miete, Leihe oder durch ein Servicepaket, realisieren?

Sehr häufig führen diese Fragen zu der Erkenntnis, dass ein Kauf nur der Scheinbefriedigung des dahinter liegenden Wunsches dient. Der Grund, warum sich so viele Produkte in unserem Besitz befinden, die wir kaum nutzen, liegt darin, dass wir eigentlich darin das Mittel zur Befriedigung eines Kernbedürfnisses gesehen haben. Allerdings erfüllen die wenigsten Produkte von sich aus unsere Bedürfnisse. In der Regel wäre es an uns selbst, das Beste daraus zu machen. Im Alltag fehlt uns dazu allerdings oft die Zeit oder die Motivation. Da uns das Produkt, genauer: das Mittel zum Zweck, nach dem Kauf eh dauerhaft gehört, gibt es auch keinen Grund, sich *jetzt* aktiv damit zu befassen.

Das ist bei termingebundenen Ereignissen oder einer befristeten Miete anders: Hier existiert ein vorgegebenes Zeitfenster, in dem wir Nutzen aus der Situation ziehen können. Ist die Leihdauer beendet oder der Veranstaltungstermin verstrichen, dann ist die Chance vertan.

Erlebnisbasierte Aktivitäten sowie Ausleihvorgänge haben daher immer eine Komponente, die uns aktiv einbindet. Besitz ist passiv – und verursacht zudem ständig ein latent schlechtes Gewissen; weil wir beispielweise unbedingt genau diesen Luxus-BBQ-Grill haben wollten, aber nach der Grillparty anlässlich seiner Einweihung gar keine Gelegenheit mehr gefunden haben, ihn zu nutzen.

Je mehr es gelingt, die Grundlagen und Ideen des Minimalism in den eigenen Alltag zu übernehmen und den eigenen Besitz auf Dinge zu reduzieren, die wirklich individuelle Bedeutung und Nutzwert haben, umso mehr werden wir von diesem latenten Unbehagen und dem schlechten Gewissen befreit.

25
Minimalism und Krisenzeiten

Viele Menschen reagieren auf herannahende Krisen damit, dass sie möglichst viel Besitz horten. Schon bei Ankündigung eines heranziehenden Unwetters deckt man sich mit Lebensmitteln ein und versucht, Haus und Garten abzusichern.

Das Motto, nach dem diese Personen handeln, könnte man umschreiben mit den Worten: „Wer hat, der hat!" Doch ist dieses Verhaltensmuster sinnvoll für die Krisen unserer Zeit? Die Wahrscheinlichkeit, dass die Versorgung morgen zusammenbricht, ist nicht besonders hoch. Und die Überzeugung, man könne in Krisenzeiten froh sein über jeglichen Besitz, stammt aus einer Zeit, in der Besitz einen wesentlich höheren Prozentsatz unabdingbarer oder zumindest im Krisenfall nützlicher Gegenstände umfasste als heute. Unsere Großeltern lebten bei weitem nicht in einer derartigen Luxusgesellschaft wie wir. Die Strategie war damals gut, aber ist sie das auch heute?

Auf der anderen Seite finden sich Personen, die in persönlichen oder globalen Krisen den eigenen Besitz auf ein Minimum reduzieren. Ihr Motiv dafür ist, dass jeglicher überflüssige Besitz die eigene Flexibilität einschränkt und Verantwortung bedeutet. Dieses Verhaltensmuster passt oft wesentlich besser in die modernen (Wirtschafts-)Krisen, die sich beispielsweise in Arbeitslosigkeit manifestieren und die auch in reichen Industriestaaten jederzeit auftreten können.

Minimalisten müssen keine Kredite abzahlen, die für letztlich unbedeutende Konsumgüter aufgenommen werden, und können ihr verfügbares Einkommen leichter auf die wirklich notwendigen Ausgaben umschichten. Wer nur das Nötigste besitzt, kann leichter umziehen, problemloser finanzielle Engpässe überwinden und ist insgesamt in seinen Handlungsmöglichkeiten flexibler als derjenige, der alles in seinen Hamsterbau getragen hat und diesen jetzt verteidigen muss.

Insoweit ist der Lebensstil, der von Anhängern des Minimalism favorisiert wird, oft besser geeignet, um für mögliche Krisen und schlechte Zeiten gerüstet zu sein, als die gegenteilige Strategie des Hortens und Anhäufens.

Teil V

Was bringts?

Worin manifestieren sich die Ergebnisse eines

minimalistischeren Lebensstils?

Wo liegen die entscheidenden Vorteile?

26
Mehr Fokus, weniger Ablenkung

Denken Sie für einen Moment an einen überfüllten Schreibtisch. Überall liegen Stapel vermeintlich wichtiger Unterlagen und die unerledigten Aufgaben stauen sich auf To-do-Listen. Ausdrucke türmen sich, der Monitor ist mit Post-its übersät.

In diesem Umfeld konzentriert an einer Aufgabe zu arbeiten, fällt schwer, weil der Blick ständig auf andere, wartende Aufgaben fällt und immer wieder Ablenkung droht. Ein aufgeräumter Arbeitsplatz wirkt sich daher positiv auf die Produktivität aus und führt zu besserer Konzentration.

Und was für den Schreibtisch gilt, gilt im übertragenen Sinne auch für die Wohnung.

Wissenschaftler verorten in der überbordenden Vielzahl jederzeit verfügbarer Ablenkungen sogar einen Grund für die um sich greifenden Aufmerksamkeitsdefizit-Störungen, die bei vielen Kindern, aber auch bei immer mehr Erwachsenen diagnostiziert werden.

27
Bewusstere Freizeitgestaltung

Da Sie weniger Gelegenheit für Ablenkung haben und sich mit den Dingen, die Sie nach der Entrümpelung noch besitzen, intensiver beschäftigen, weil sie sich bewusst dafür entschieden haben, sie zu behalten, verbringen Sie Ihre Zeit sinnvoller.

Da sich der Fokus zudem vom Besitzen auf das (einzigartige) Erleben verlagert, werden Sie im Laufe der Zeit immer mehr hinterfragen, wie Sie Ihre Freizeit verbringen. Durch die Einsparungen in anderen Bereichen steht Ihnen zudem mehr von Ihrem Einkommen für erlebnisbasierte Aktivitäten zur Verfügung. Das führt häufig dazu, dass man endlich wieder mehr Zeit für Kultur, Abenteuer, Sport, Wellness oder auch Partnerschaft und Romantik findet. Dabei verändern sich mit den Prioritäten auch die monetären und zeitlichen Ressourcen, die man in die Umsetzung und Ausgestaltung dieser Erlebnisse zu investieren bereit ist.

Auch wenn zunächst „nur" die Häufigkeit steigt, simple, vorkonfektionierte Aktivitäten wie Museums-, Theater- oder Restaurantbesuche oder Wochenend- und Städtereisen zu unternehmen, wächst der eigene Anspruch an die eigene Freizeitgestaltung doch kontinuierlich. Mit der Zeit reift die Erkenntnis, dass man mehr erleben kann als nur immer dieselben 08/15-Aktivitäten. Veranstalter wie die Jochen Schweizer GmbH können einige langgehegte Wünsche erfüllen helfen, letztlich aber werden Sie gezielt Zeit darauf verwenden, an der Erfüllung Ihrer eigenen Träume zu arbeiten.

28 Weniger gebundenes Kapital

Jeder unnötige Kauf, dem Sie entsagen können, gibt Ihnen die Möglichkeit, den eingesparten Kaufpreis für etwas anderes, Sinnvolleres zu verwenden.

Tatsächlich ist das durch unnötigen Besitz gebundene Kapital oft weitaus höher als die Summe der Kaufpreise. Viele Konsumenten kaufen Dinge auf Kredit, die sie sich nicht nur eigentlich nicht leisten können, sondern die sie auch nicht wirklich benötigen. Die Ratenzahlungen sind dann ebenso zu berücksichtigen wie alle Kosten für die Nutzung, Instandhaltung, Versicherung und Lagerung dieser Güter.

Und selbst wenn Sie durch die Abschaffung Ihres Pkw einen finanziellen Verlust erleiden würden, könnte es sich schon allein dadurch lohnen, dass Sie künftig die Ausgaben für Steuern, Versicherung, Reparaturen, TÜV, Parkplatz und so weiter einsparen. Auf der täglichen Fahrt zum Arbeitsplatz mit den öffentlichen Verkehrsmitteln können Sie überdies endlich ein paar Romane lesen, die Sie schon immer mal lesen wollten – digital auf Ihrem E-Book-Reader oder dem Smartphone.

29 Mehr verfügbares Einkommen

Wenn Sie konsequent auf den Kauf unnötiger Produkte verzichten und es schaffen, Impulskäufe zu vermeiden, die sich in Wahrheit nur als kurze Ersatzbefriedigungen erweisen und keinen nachhaltigen Nutzen für Sie haben, können Sie natürlich Geld sparen, das Sie anderweitig sinnvoller einsetzen können.

Aber neben den direkten Kosten für die Beschaffung fallen auch indirekte Kosten an: Ihr Besitz will verstaut, gepflegt, versichert und abgestaubt werden. Unter Umständen sind mit dem Kauf Ratenzahlungen und damit Zinsen verbunden. Und manches Schnäppchen erweist sich als besonders kostspielig, weil es teure Verbrauchsmaterialien benötigt oder zur Anschaffung von Zubehör verleitet.

Wenn es Ihnen gelingt, Ihren Besitz so weit zu reduzieren, dass Keller, Speicher und das nur für die Lagerung von Kram genutzte Hobby- oder Gästezimmer nicht mehr mit unnützen Dingen vollgestellt sind, können Sie prinzipiell sogar den Umzug in eine kleinere Wohnung in Betracht ziehen und Ihre Mietausgaben reduzieren.

Je bewusster es Ihnen gelingt, ins Auge gefasste Anschaffungen vorab im Hinblick auf Relevanz, Nutzwert und Folgekosten zu bewerten und somit unsinnige Ausgaben zu vermeiden, umso größer wird der Effekt in der Summe sein und überdies zu mehr verfügbarem Einkommen führen.

30
Mehr verfügbare Zeit

Viele Frustkäufe dienen in Wirklichkeit nur dazu, uns von unserem langweiligen und uninspirierten Alltag abzulenken. Da die meisten käuflich zu erwerbenden Produkte dies nicht oder nur kurzzeitig ohne unsere aktive Mitwirkung schaffen, gehören Fernsehen und Online-Angebote wie Facebook zu den beliebtesten Möglichkeiten, Zeit totzuschlagen.

Minimalism führt uns drastisch vor Augen, wie und womit wir unsere Zeit verbringen. Und womit nicht. Diesen Effekt können Sie noch verstärken, indem Sie während der 30 Tage, in denen Sie „aus dem Karton" leben, möglichst genau Buch darüber führen, wie Sie Ihre Freizeit verbringen. Dabei sollten Sie nicht nur die jeweiligen Tätigkeiten protokollieren, sondern auch die jeweilige Dauer notieren und auch, wie sinnvoll, nützlich oder befriedigend Sie diese Aktivität empfanden. Am Ende des Beobachtungszeitraums können Sie dann nach Häufigkeit, Gesamtdauer und Grad der empfundenen Befriedigung und Sinnhaftigkeit sortieren. Verzichten Sie künftig auf solche Tätigkeiten, die sich vor allem als Zeitfresser erweisen und Ihnen wenig bringen.

Auf diese Weise können Sie gleich zweifach Zeit „sparen": Weniger unnötiger Besitz bedeutet weniger Gelegenheit für uninspirierte Ablenkung. Außerdem eliminieren Sie die Zeitfresser aus Ihren Freizeitaktivitäten. Anders als Geld können Sie Zeit aber natürlich nicht wirklich sparen, sondern nur sinnvoller nutzen. Es ist also Ihre Aufgabe, die gewonnene Freizeit besser zu nutzen.

Hinzu kommt, dass Sie weniger hart arbeiten müssen, um sich den gewohnten Lebensstil zu leisten. Viele Menschen arbeiten ein bis zwei Tage pro Woche faktisch nur, um Kredite abzahlen zu können, sich Statussymbole zu leisten, die nichts zu ihrer Lebensqualität beitragen, und um den Status quo aufrechtzuerhalten. Immer mehr Menschen benötigen sogar mehrere Jobs, um sich das gewohnte Leben leisten zu können. Überstunden und Stress im Job führen zu Frust, der wiederum dadurch kompensiert wird, dass man sich durch den Kauf unnötiger Produkte belohnt.

Minimalisten sind in der Lage, aus diesem Teufelskreis auszubrechen. Sie können sich leichter entscheiden, weniger zu arbeiten und auf einen Teil des Einkommens zu verzichten, ohne tiefgreifende Einschnitte in ihre Lebensqualität befürchten zu müssen. Vielmehr schätzen sie die so gewonnene Freizeit, um an der Realisierung ihrer Träume zu arbeiten.

31
Weniger „Müll“, Reduktion auf das Wesentliche

Minimalism ist auch eine Form von Konsum-Diät. Wenn Sie sich weniger mit unnützen Dingen umgeben, tritt das, was wesentlich für Sie ist, deutlicher zutage. Was genau wesentlich für Sie ist, hilft die Karton-Methode mit der 30-Tage-Frist herauszufinden. Aber Sie müssen nicht dabei stehenbleiben, nur den persönlichen Besitz zu entrümpeln.

Wenn Sie sich selbst als einen Info- oder Social-Media-Junkie sehen, dann machen Sie eine Internet- und Informationsdiät. Exportieren Sie alle Lesezeichen aus Ihrem Webbrowser in eine externe Datei und löschen Sie sie dann im Browser ebenso wie den Verlauf und die gespeicherten Cookies. Nun müssen Sie jedes Internet-Angebot, das Sie nutzen wollen, manuell ansurfen und sich gegebenenfalls neu einloggen. Legen Sie nur sehr selektiv neue Lesezeichen an. Beobachten Sie sich dabei: Sie werden feststellen, dass viele Websites, die Sie regelmäßig besucht haben, weil sie nur einen Mausklick entfernt waren, plötzlich aus Ihrer Wahrnehmung verschwinden – ohne Ihnen zu fehlen.

Durch die permanente Verfügbarkeit sind Internet, Fernsehen, Computerspiele und besonders soziale Netze für viele zu einer dauernden Ablenkung geworden, ohne dass dies den betroffenen Personen bewusst wäre. Das Minimalism-Konzept hilft nicht nur, sich von materiellem „Müll“ zu befreien, der unsere Wohnungen und Gedanken verstopft, sondern auch von dem „Müll“, den wir tagein, tagaus in Form von Information auf uns einprasseln lassen, ohne daraus einen echten Nutzen zu ziehen.

Damit führt der Minimalism-Ansatz zu einem bewussteren Hinterfragen der eigenen Zeitplanung. Er ist die Basis für eine gezielte Reduktion von Ballast auf allen Ebenen und die gezielte Fokussierung auf die Dinge und Aktivitäten, die wirklich wesentlich für uns sind. Worin dieses „Wesentliche“ besteht, unterscheidet sich für jeden Einzelnen: Für den einen ist es mehr „Quality Time“ mit Familie und Freunden, für den anderen die Suche nach einmaligen, nicht konservierbaren Erlebnissen, für den Dritten die Suche nach Erkenntnis, Abenteuer oder dem eigenen Selbst. Immer geht es aber um das Streben nach Lebenssinn und Zufriedenheit – und diese kann man nicht einfach im nächsten Laden kaufen.

32
Mehr Gelegenheit, Träume zu verwirklichen

Sie können sich durch den Verzicht auf unnötige Anschaffungen leisten, Ihre Träume zu verwirklichen. Personen, die einen minimalistischeren Lebensstil bevorzugen, beobachten häufig, dass sich ihre Ausgaben verschieben: Es wird weniger Geld für materielle Güter ausgegeben, dafür mehr für Erlebnisse.

Minimalism bedeutet keinesfalls Askese. Ganz im Gegenteil: Sie dürfen sich etwas gönnen. Aber dieses „Gönnen" muss nicht in einen Kauf münden. Sie möchten gerne einen Ferrari fahren? Gut. Leihen Sie sich einen übers Wochenende.

Je tiefer Sie sich allerdings auf das Konzept des Minimalism einlassen und es in Ihr eigenes Leben integrieren, desto mehr werden Sie merken, dass sich die Erfüllung der eigenen Träume nicht mit Angeboten von der Stange verwirklichen lässt. Oft ist das wertvollste Gut Zeit – Zeit, die man bewusst mit sich oder mit Personen verbringt, die einem wichtig sind.

Die eigenen Träume zu verwirklichen, mehr Zeit für interessante Dinge zu haben, mehr zu sehen und zu erleben: Das wird durch die Reduktion des Ballastes möglich. Der zweite Schritt besteht allerdings darin, die gewonnene Zeit und Freiheit auch wirklich sinnvoll zu nutzen.

33 Der nächste Schritt: Ihre Bucket List

Haben Sie das Konzept des Minimalism eine Zeitlang gelebt und verinnerlicht? Dann werden Sie die wiedergewonnene Freiheit, das eingesparte Geld und vor allem die gewonnene Zeit nicht nur genießen, sondern auch viel gezielter nutzen wollen. Erstellen Sie eine Bucket List und setzen Sie Prioritäten.

Als Bucket List bezeichnet man eine Liste von Dingen, die man vor seinem Tod unbedingt machen oder erleben möchte. Die Bezeichnung stammt von der Phrase „to kick the bucket“, die umgangssprachlich so viel bedeutet wie „den Löffel abgeben“. Viele Menschen erstellen ihre persönliche Bucket List, wenn sie mit einer schweren Erkrankung konfrontiert sind. Der Anlass für die Erstellung ist dann angst- und schicksalsgetrieben. Aber Sie können Ihre gewonnene Freiheit zum Anlass nehmen und müssen sich bei der Erstellung nicht Ihren nahenden Tod vor Augen halten.

Eine solche persönliche Bucket List erfüllt mehrere Aufgaben:

- Die Erstellung zwingt Sie, sich Gedanken darüber zu machen, was Ihnen wirklich wichtig ist.
- Die Liste zeigt Ihnen jederzeit, wofür Sie die Mühen des Alltags auf sich nehmen und welche Ziele Sie haben.
- Jedes erreichte Ziel ist Motivation und Befriedigung zugleich: Motivation, auf dem Weg weiterzugehen, und Befriedigung,

Dinge getan oder erlebt zu haben, die noch vor einiger Zeit in unerreichbarer Ferne schienen.

Setzen Sie sich hin und schreiben Sie auf, was Sie gerne in Ihrem Leben machen oder erfahren möchten. Was würden Sie wirklich bedauern nicht erledigt zu haben, wenn sich Ihr Leben irgendwann dem Ende zuneigt? Was möchten Sie sehen, erleben, lernen, ausprobieren? Mit wem und womit sollten Sie Frieden schließen?

Bei der Erstellung Ihrer Bucket List werden Sie bald feststellen, wie wenig Bedeutung Besitz in Wirklichkeit hat. Stattdessen stehen Erleben und „Quality Time" – wirklich sinnvoll genutzte Lebenszeit – im Mittelpunkt. Wer wirklich vor der Frage steht, wie er die letzten Monate seines Lebens verbringen will, wird sich nicht vornehmen, einen Ferrari zu *kaufen*, sondern höchstens, einmal Ferrari zu *fahren*. Sehen Sie die Verbindung zur Minimalism-Idee?

Sammeln Sie zunächst einfach alles, was Sie schon immer machen wollten. Welche Träume hatten Sie in Ihrer Jugend? Welche Träume haben Sie längst begraben? Graben Sie sie wieder aus! Nehmen Sie ruhig auch völlig utopisch erscheinende Dinge auf, niemand zwingt Sie, die Punkte auf der Liste wirklich alle der Reihe nach in die Tat umzusetzen. Und vergessen Sie auch Kleinigkeiten nicht: An einer Rose riechen. Jemandem ein unerwartetes, einzigartiges Geschenk machen und die Überraschung und Freude in den Augen sehen.

Lassen Sie sich jeden Tag aufs Neue inspirieren. Auf der Website bucketlist.org können Sie zur Anregung Listen von anderen Personen einsehen. Und dann kümmern Sie sich regelmäßig um die Pflege Ihrer Bucket List. Streichen Sie Posten, die Ihnen nach ein paar Tagen irrelevant erscheinen. Und sortieren Sie die verbleibenden Punkte nach Priorität und Zeithorizont: Manche Ziele und Wünsche lassen sich ohne Vorbereitung binnen weniger Stunden erledigen, wenn Sie es nur wollen. Andere brauchen eventuell Jahre der Vorbereitung oder kontinuierlichen Umsetzung.

Nach einigen Tagen oder Wochen werden Sie feststellen, dass sich Ihre Bucket List nur noch in Details verändert. So schmerzhaft es sein kann, die Liste anzufangen und sich vor Augen zu führen, was man in seinem Leben bislang alles vernachlässigt hat, so befriedigend ist es, jetzt nach Jahren endlich wieder Klarheit über die tatsächlichen persönlichen Ziele und Prioritäten zu gewinnen.

Wenn Sie in einer Partnerschaft leben, dann erstellen Sie nicht nur eine persönliche, sondern auch eine gemeinsame Bucket List. Und lassen Sie Ihren Partner an Ihrer Liste teilhaben, sprechen Sie offen über Ihre Wünsche und Ziele. Manche Punkte müssen Sie allein umsetzen, da ist es gut, wenn Ihr Partner versteht, was Sie warum antreibt. Andere Punkte werden Sie teilen und feststellen, dass gemeinsame Ziele Ihrer Partnerschaft eine ganz neue Dimension geben können.

Ab sofort verwenden Sie einen Teil Ihrer gewonnenen Zeit und des eingesparten Geldes gezielt darauf, an der Verwirklichung der einzelnen Punkte auf der Bucket List zu arbeiten. Wenn Sie einen Punkt abhaken können, machen Sie das wirklich physisch: Setzen Sie einen dicken Haken an den Punkt auf der Liste. Wenn Sie Ihre Bucket List elektronisch führen: Löschen Sie nicht einfach abgehakte Punkte aus der Liste, sondern verschieben Sie sie in einen Bereich „erledigt".

Zudem dürfen Sie sich für jede abgehakte Aktivität einen Belohnungspunkt geben (unabhängig davon, wie aufwendig die Umsetzung war). Für die Absolvierung notwendiger Zwischenschritte (Besuch eines Tanzkurses, weil Sie Ihren Partner zum Ball ausführen wollen, Training zur Stärkung Ihrer Fitness für das Grand-Canyon-Abenteuer) dürfen Sie sich einen halben Punkt gutschreiben. Versuchen Sie zu Beginn, mindestens vier Belohnungspunkte pro Monat zu erreichen – das bedeutet, dass Sie durchschnittlich jede Woche ein persönliches Erfolgserlebnis haben und am Ende des Jahres fast 50 persönliche Ziele erreicht haben! Versuchen Sie im Laufe der

Zeit, die Zahl der Punkte pro Woche beziehungsweise pro Monat deutlich zu steigern – im Idealfall schaffen Sie es, fast jeden Tag irgendetwas zu unternehmen, das Ihnen wirklich wichtig ist. Aber beachten Sie: Das Punktesystem dient Ihrer Motivation, nicht der Demotivation!

Natürlich geht es nicht darum, irgendwann eine komplett abgearbeitete Bucket List zu haben – obwohl auch das sicher ein tolles Gefühl wäre. In der Regel werden Sie die Liste immer wieder um neue Aktivitäten und Wünsche ergänzen und auch feststellen, dass einige Punkte gar keine Fortschritte machen. Hinterfragen Sie in solchen Fällen, woran es liegt. Manchmal werden Sie feststellen, dass ein Punkt Ihnen doch nicht so wichtig ist wie gedacht. Streichen Sie ihn dann von der Liste, anstatt sich ständig von ihm verunsichern zu lassen.

Denken Sie immer daran, dass Ihnen früher für all diese Aktivitäten die Zeit, das Geld, die Motivation beziehungsweise der Fokus fehlte. Die Bucket List samt der abgehakten Punkte ist ein hervorragendes Mittel, um die Auswirkungen Ihrer Minimalism-Entwicklung ganz konkret zu erleben.

34
Reaktionen des Umfeldes

Latent sehnt sich fast jeder nach dem „Weniger“, das der Minimalism verspricht. Trotzdem – oder gerade deswegen – ist es jedoch manchmal schwierig, Außenstehenden die eigene Entwicklung begreiflich zu machen.

Unsere Gesellschaft definiert sich in weiten Teilen über Besitz, Status und die Erreichung von Karrierezielen. Wie dargestellt sind es allerdings genau diese Faktoren, die dazu führen, dass wir uns immer mehr unnötige Dinge leisten und unser Leben mit Ballast vollstopfen. Wer im Sinne des Minimalism versucht, sich aus dieser Situation zu befreien und bewusst zu verzichten, tauscht materiellen Tand mit immaterieller Tiefe. Nur ist dies von außen oft gar nicht so einfach zu sehen.

Auf Bekannte und Arbeitskollegen, aber auch nicht eingeweihte Familienmitglieder wirkt es daher befremdlich, wenn jemand beginnt, seinen Besitz zu reduzieren und Sachen zu verkaufen, zu verschenken oder wegzuwerfen. Rasch schießen Gerüchte ins Kraut, die versuchen, eine rationale Erklärung dafür zu finden, warum Sie auf Besitz verzichten, während alle anderen danach streben. Scheinbar logische Erklärungen sind rasch gefunden:

1. Sie sind unheilbar erkrankt.
2. Sie sind pleite.
3. Sie sind einer obskuren Sekte beigetreten.
4. Sie haben den Verstand verloren.

Wenn Sie dann noch berücksichtigen, welche Zeichen Sie aussenden, wenn Sie fauler Hund plötzlich mehr Sport treiben oder sich für Kultur interessieren, ständig die gleichen Klamotten tragen, Ihren Fernseher abgeschafft haben, in einer halbleeren Wohnung hausen und am Wochenende „für einen Kurztrip" verschwinden, gewinnen Sie eine ungefähre Vorstellung davon, was in Ihren Bekannten vorgeht. Fangen Sie jetzt noch an, vom Gewinn zu reden, der im Verzicht liegt, dann wird der eine oder andere insgeheim überlegen, Ihnen ärztliche Hilfe zuteil werden zu lassen.

Es ist daher sinnvoll, von Beginn an offen zu kommunizieren, was Ihre Beweggründe sind. Sprechen Sie von einem Experiment, das Sie machen, um auszuprobieren, ob es für Sie zu einer gesteigerten Zufriedenheit und Lebensqualität führen kann. Versuchen Sie keinesfalls zu missionieren oder anderen zu suggerieren, dass ihre Lebensführung suboptimal sein könnte.

Sprechen Sie nur von sich und einem Selbstversuch, gehen Sie nur auf Nachfrage auf die grundlegende Lebensphilosophie des Minimalism ein: Niemand wird gerne darauf gestoßen, dass sein Leben voller unnützer Dinge ist. Viele Menschen ahnen es zwar, müssen die Schlüsse für sich aber aus eigenem Antrieb ziehen.

Falls Sie um vertiefende Informationen gebeten werden, können Sie beispielsweise als Grundlage die Lektüre des vorliegenden Booklets empfehlen. Sagen Sie, dass Sie danach gerne für Auskünfte über Ihre eigenen Erfahrungen bereitstehen. So verdeutlichen Sie, dass es sich bei Ihrer neuen Philosophie nicht um einen persönlichen Spleen von Ihnen handelt, sondern um einen anerkannten minimalistischeren Lebensstil, der rund um den Globus von vielen Personen aufgegriffen und individuell ausgestaltet wurde und wird.

35
Minimalism und Partnerschaft

Das Minimalism-Konzept in das eigene Leben zu integrieren ist für Singles naturgemäß am einfachsten: Hier entscheiden nur die eigenen Bedürfnisse und Wünsche darüber, was bleiben soll und was eliminiert werden kann. Die größten Herausforderungen bestehen darin, sich und dem Minimalism-Gedanken dauerhaft treu zu bleiben und den veränderten Lebensstil Freunden und Bekannten zu erklären.

Anders sieht es aus, wenn man in einer Partnerschaft lebt oder eine Familie mit Kindern hat. Hier haben die eigenen Entscheidungen immer auch unmittelbare Auswirkungen auf geliebte Personen im direkten Umfeld. Das eigene Leben grundlegend zu entrümpeln und neue Prioritäten zu setzen funktioniert hier nur, wenn alle mitmachen und selbst von dem Ziel überzeugt sind.

In dieser Situation zählt nicht nur die eigene Einschätzung über „nützlich oder unnötig", sondern es muss ein Konsens gefunden werden.

Eine Zwischenlösung kann darin bestehen, die Minimalism-Idee zunächst auf individuell-persönliche Lebensbereiche anzuwenden (Schreibtisch, Hobbyraum ...) – allerdings nicht geheim oder ohne Wissen des Partners, sondern als offen kommuniziertes Experiment. Sprechen Sie über Ihre Ziele, Ihre Motivation und die konkreten Ergebnisse. So ist es am leichtesten, dem Partner zu zeigen, dass es sich nicht nur um eine vorübergehende „Phase“ handelt, sondern um eine bewusste Entscheidung für einen einfacheren, fokussierteren und weniger konsumgeprägten Lebensstil.

Dabei hilft ungemein, dass einem der Minimalism vor Augen führt, dass Zeit das schönste und wertvollste Geschenk ist, das wir uns und anderen machen können. Die gewonnene Freizeit und den gewonnenen finanziellen Spielraum können Sie für die Partnerschaft nutzen. Erfüllen Sie sich und Ihrem Partner einen langgehegten Traum – ein romantisches Wochenende zu zweit, einen Adrenalinkick oder einen Kurzurlaub weit weg vom Alltag. Das gemeinsame Erleben und Genießen der gewonnenen Zeit und Freiheit stärkt die Beziehung und verdeutlicht dem Partner, dass hinter der Idee Ziele stehen, für die es sich lohnt, den eigenen Lebensstil zu hinterfragen und alte Routinen aufzugeben.

Ideal ist es natürlich, sich in der Partnerschaft gemeinsam für das Experiment Minimalism zu entscheiden und es dann in voller Konsequenz umzusetzen. Gemeinsam kann man sich unterstützen, auch schwierige Entscheidungen zu fällen und bei Durchhängern nicht in alte Gewohnheiten zurückzufallen. Und natürlich ist geteilte Freude doppelte Freude: Nehmen Sie jeden kleinen Sieg über den inneren Schweinehund zum Anlass, sich gegenseitig zu bestätigen und das Erreichte gemeinsam zu feiern.

Zum Schluss

Damit sind Sie am Ende dieses Booklets angekommen. Jetzt liegt es an Ihnen, die Anregungen an Ihre persönliche Situation anzupassen und sie umzusetzen.

Denken Sie immer daran: Es ist Ihr Leben, nehmen Sie es in die Hand!

Bleiben Sie auf dem Laufenden

Sie möchten über Aktualisierungen dieses E-Books informiert werden und erfahren, wenn wir etwas Neues zu den Themen Minimalism, Zufriedenheit und Lebensgestaltung publizieren?

Dann schicken Sie einfach eine E-Mail an weniger@kamaco.info und wir halten Sie auf dem Laufenden.

Ihre Mailadresse wird nur für Mails in Zusammenhang mit unserem Angebot verwendet und wir geben diese nicht an Dritte weiter.

Lesetipp

Wenn Ihnen dieses E-Book gefallen hat, könnte Ihnen auch folgender Titel vom gleichen Autor gefallen:

BALKONIEN 2012/13
Über 150 Anregungen für Ihren perfekten Urlaub zu Hause
http://amzn.to/balkonien

Weitere Literatur zum Thema

Sie möchten noch mehr für Ihre Lebensqualität tun? Dann holen Sie sich ein Kindle-E-Book aus der Werkstatt von KAMACO:

Elfriede Gerdenits, Markus Stolpmann, Karina Matejcek

Raus aus dem Frust in 99 Schritten.
Das Übungsbuch für mehr Zufriedenheit

In 99 kurzen Lektionen erhalten Sie Denkanstöße und Impulse, mit denen Sie Tag für Tag Ihre Zufriedenheit im Beruf und im Privatleben verbessern können.

Lernen Sie mehr über die Gründe für Ihre Unzufriedenheit, finden Sie Ihre geheimen Wünsche für die Gestaltung Ihres Lebens heraus und stärken Sie Ihre Lebensfreude und Ihre Motivation.

Leseprobe und Download im Kindle-Shop:

http://amzn.to/99xrausausdemfrust

3315619R00067

Printed in Germany
by Amazon Distribution
GmbH, Leipzig